● 2018年浙江省社科联社科普及课题（18ZC10）研究成果

● 义乌工商职业技术学院跨文化交流与研究中心研究成果

● 义乌工商职业技术学院"一带一路"文化传播与创新翻译团队研究成果

"一带一路"

沿线国家商务文化读本

王惠莲◎编

世界图书出版公司

广州·上海·西安·北京

图书在版编目（CIP）数据

"一带一路"沿线国家商务文化读本/王惠莲编. ——
广州：世界图书出版广东有限公司，2019.6（2022.8重印）
ISBN 978-7-5192-5871-9

Ⅰ.①—… Ⅱ.①王… Ⅲ.①"一带一路"—商务
文化—通俗读物 Ⅳ.①F72-49

中国版本图书馆CIP数据核字（2018）第086404号

书　　名	"一带一路"沿线国家商务文化读本
	"YIDAIYILU" YANXIAN GUOJIA SHANGWU WENHUA DUBEN
编　　者	王惠莲
策划编辑	刘正武
责任编辑	魏志华　李　婷
装帧设计	吴伟边
责任技编	刘上锦
出版发行	世界图书出版有限公司　世界图书出版广东有限公司
地　　址	广州市新港西路大江冲25号
邮　　编	510300
电　　话	020-84184026　84453623
网　　址	http://www.gdst.com.cn
邮　　箱	wpc_gdst@163.com
经　　销	各地新华书店
印　　刷	广州今人彩色印刷有限公司
开　　本	787mm×1092mm　1/16
印　　张	13.5
字　　数	276千字
版　　次	2019年6月第1版　2022年8月第4次印刷
国际书号	ISBN 978-7-5192-5871-9
定　　价	38.00元

自2013年习近平总书记提出共建"丝绸之路经济带"和"21世纪海上丝绸之路"的倡议以来，全国各地都在围绕"一带一路"谋新章，谱新篇。"一带一路"倡议顺应了时代发展的需求，符合各国人民加速发展本国经济的愿望。把中国和各参与国的利益紧密结合起来，形成集利益、责任、命运为一体的合作共同体，可以有效推动各参与国更大范围、更高水平、更深层次地开展双边、多边和区域合作。随着"一带一路"建设的推进，中国赴"一带一路"沿线国家开展商务文化交往活动的人数，及沿线国家来中国淘金、观光的人数都与日俱增。因此，通晓"一带一路"沿线国家的商务交际礼仪、文化禁忌、宗教禁忌，将有助于商务人员更好地开展相关活动，有助于商务人员实现跨文化交际过程中的无障碍沟通。

本书着眼于"一带一路"沿线国家的商务文化知识，选题契合时代发展的主题，结构富有条理，将"一带一路"参与国的基本概况、经济简介、商务交际、爱好与禁忌、教育简况精练地呈现给读者，有助于读者轻松把握各国商务文化的核心知识点。值得一提的是，本书的参编者主要由义乌工商职业技术学院国际教育学院的教师组成。她们是对外汉语教学专业的教师，有着丰富的跨文化交际经验，为本书的编纂奠定了坚实的基础。

另外，本书还有着独特的"智囊团"——来自"一带一路"沿线国家的学生们。他们有的正在义乌工商职业技术学院学习，有的已学成毕业。本书的编者与他们长期保持着密切的联系，在充分搜集资料之余，委托他们核对，一定程度上确保了本书内容的准确性。

"一带一路"的建设，需要搭建民心相通之桥，以加强各国之间的文化交流。今后，学校将继续"依托区域优势、服务国家战略"，不断提高教育国际化水平，服务国家"一带一路"建设。

教授

2018年7月30日

古人云："不学礼，无以立；人无礼，则不生；事无礼，则不成；国无礼，则不宁。"

文化是每一个国家和民族在发展过程中沉淀、积累下来的精神财富，是人类社会生存与发展的模式和准则。同样，商务文化强调的是"尊重为本"，体现的是人与人之间的相互尊重，也是商务的生存法则。

只有了解外国礼仪习俗，尊重外国礼仪习俗，洋为中用，融会贯通，才能和外国友人和谐相处，合作愉快，结交新朋友，获得新发展、新机遇。

文化的沟通是一种心灵的沟通，具有强大的凝聚力。世界上众多的国家、地区和民族，在其历史发展的进程中，由于政治、宗教、文化、历史和地理等诸多原因，形成了不同的商务文化礼仪习俗。

本书主要围绕"一带一路"沿线国家展开，着重介绍每个国家的基本概况、经济简介、商务交际、爱好与禁忌、教育简况等内容，不仅便于商务人员了解沿线国家商务文化知识，规避文化冲突，提高商贸谈判的有效性，也适合教师、导游、文化研究者阅读，引导他们高效地培养人才、认识世界、探索异国他乡的地域文化，提高跨文化交流水平。

愿我们和外国友人相处得更加和谐。

义乌市作家协会何恃坚主席

2018 年 8 月 20 日

目 录 MU LU

蒙古国

 **基本概况**

　　蒙古国（Mongolia），简称"蒙古"。1924年11月26日，蒙古人民共和国正式成立；1992年2月，改国名为"蒙古国"。蒙古以本民族的名称而得名，"蒙古"一词由"勇敢"和"朴素"两个词素结合而成，国名释义为永不熄灭的火。另有学者认为：蒙古高原的鄂嫩河上游原有座蒙山，附近有蒙河，在这一带生息的部落即称"蒙古"。蒙古国地处亚洲中部，东、南、西三面与中国接壤，北面同俄罗斯的西伯利亚为邻，边境线总长约为8219千米。政治体制为议会共和制。首都及全国最大城市为乌兰巴托（Ulaan baatar）。

　　蒙古国以"蓝天之国"闻名于世，一年中大部分时间阳光明媚。气候为典型的温带大陆性气候，终年干燥少雨；夏季炎热，最高气温可达38℃（历史最高气温达45℃）；冬季酷寒，最低气温可至-40℃（历史最低气温达-60℃）。早晚温差较大，无霜期短，年平均降水量250毫米。

　　蒙古国国土面积约为156.65万平方千米，是仅次于哈萨克斯坦共和国的世界第二大内陆国家。全国人口数量约318万（2018年6月），是世界上人口密度最小的国家。蒙古国可耕地面积较少，大部分国土被草原覆盖，北部和西部多山脉，南部为戈壁沙漠，约30%的人口从事游牧或半游牧。蒙古国人主要信仰藏传佛教，也有少数人信奉东正教、天主教和伊斯兰教。主体民族是蒙古族，也有哈萨克族、图瓦人等少数民族分布于西部。

经济简介

　　蒙古国有"畜牧业王国"之称，主要饲养羊、牛、马、骆驼等。工业以肉、乳、皮革等畜产品加工业为主，木材加工、电力、纺织、缝纫和采矿业也具有一定规模。农业以种植麦类、蔬菜、薯类和饲料作物为主。蒙古国人口少，地域辽阔，自然风貌保持良好，是世界上少数保留游牧文化的国家之一，旅游业发展前景广阔。主要旅游景点有哈尔和林古都、库苏古尔湖、特列尔吉旅游点、成吉思

汗旅游点和阿尔泰狩猎区等。

蒙古国出口产品主要为矿产品、纺织品和畜产品等；进口产品主要有矿产品、机器设备、食品等。主要贸易伙伴为中国、俄罗斯、欧盟成员国、加拿大、美国、日本、韩国等国。

蒙古国的货币为图格里克（Tugrik）。

商务交际

蒙古国人民性情直爽、待客真诚。宾客临门，男女主人会恭敬地站在门口迎候嘉宾，热情地向客人问候"您好""向您请安了"等。蒙古人与客人见面时，会拿出珍爱的鼻烟壶让客人嗅闻。客人若遇到这种情况，需要诚心地嗅闻，然后把壶盖盖好还给主人。客人告辞时，主人往往会举家相送，并会说些"再见""欢迎再来""一路平安"之类的送行话语。

历史上，蒙古人与亲人或朋友打招呼的方式比较特殊。见面时，一般不询问对方身体如何，而是先问对方的牲畜是否平安。这是蒙古国人的传统礼仪，其原因主要是游牧民族以牲畜为伴，牲畜在其日常生活中占有重要地位。这一打招呼的方式随着社会的发展已较少使用。

蒙古国人与宾客相见时，一般施握手礼。迎接贵宾时，会向对方献哈达。他们的哈达不同于中国一些民族的白色哈达。蒙古国的哈达为丝制，长度不一，有蓝、白、黄、绿、红五种颜色，其中以蓝色为尊。敬献哈达时，哈达的叠口应朝着接受者。晚辈向长辈敬献哈达时，应双手献上哈达，同时致祝词，接受者双手接过哈达，并自行将其搭在颈上；长辈向晚辈赠送哈达时，可直接将哈达搭在晚辈颈上。蒙古国人向贵宾敬酒时，有时会将酒碗置于哈达上，用右手献给客人，客人只取杯饮酒而不必接哈达。

蒙古国人见面时一般不施脱帽礼，而是施请安礼，以右手示意。如果人在马上要先下马，坐在车上要先下车，以表尊敬。请安时，男士单曲右膝，右臂自然下垂；女士则双膝弯曲。亲属相见时，一般施亲吻礼，晚辈若出远门或归来之时，长辈要吻晚辈的前额，以示祝福。

蒙古国人尊敬长者，也讲究男女平等。

在蒙古国，与客人正式会面或共同进餐时，男士应着西装打领带，女士应化妆并佩戴首饰。主人送客人离开时，一般不送出门。

进入蒙古包后，主人会请客人坐在蒙古包中最尊贵的位置（后半部的座位），男宾应从左手方绕过摆放在蒙古包正中央的炉子走向座位。主人一般用茶、点心、奶制品等款待客人。当主人敬酒时，如客人一饮而尽，主人会认为是对自己的尊敬和诚意。

爱好与禁忌

蒙古国人爱吃肉类和奶类食品，尤爱食羊肉，如手扒羊肉、烤全羊、石烤肉等。他们常把整块肉放到锅中炖煮，待肉六成熟时捞出，用手撕或以小刀切着吃。用餐时习惯以手抓饭，有时也用刀叉。蒙古国人不吃虾、蟹、海味及"三鸟"（即鸡、鸭、鹅）的内脏，也不吃鱼，视鱼为神的化身。他们喜欢马，因此不喜欢吃马肉。

蒙古国的伊斯兰教徒禁食猪肉和猪制品，忌讳谈论与猪相关的问题。蒙古国禁止在寺庙周围打猎，禁止在寺内宰牲畜，不能在经堂内吸烟、吐痰。

蒙古国喜欢蓝色，认为它象征永恒、坚贞和忠诚，因此把自己的国家称为"蓝色的蒙古国"。他们珍视黄色，认为黄色是黄金与珍宝的颜色，是荣华和富贵的象征。他们偏爱红色，认为红色象征着幸福、胜利和亲近的关系。他们也喜欢白色，认为白色寓意着洁净、质朴和公正。蒙古人一般不喜欢黑色，把黑色视为不祥的色彩。

蒙古国人忌讳别人触摸头部和帽子，也不喜欢别人用烟袋或手指点他的头部，认为这都是不礼貌的行为。蒙古国人忌讳往火里扔脏东西，也不能从火上跨越，不能在火旁放刀斧等锐器。

蒙古国人送礼物时忌讳送帽子，认为帽子的口朝下，送人会损坏别人的运气。穿蒙古袍时，忌捋袖子，认为这样会使人理解为要打架。进入蒙古包时不能踩门槛。接递物品时，以双手接递为敬，也可用右手，但不能只用左手接递。

教育简况

蒙古国早期的教育包括两类，即宗教性的佛教教育和仅限于王公贵族的世袭教育，而后的教育受苏联的教育模式影响较大。蒙古国在1941—1946年间发明了现代西里尔字母，成为推动蒙古国国内义务教育的重要基础。1991年，苏联解体，蒙古国从计划经济体制转变为市场经济体制。计划经济的短暂空缺使得蒙古国国内的义务教育体系受到阻碍，教育投入缩水导致教学规模的缩减，也造成了入学率与升学率的下降。近年来，由于经济水平的提高，蒙古国政府对教育的投

入也有了较为迅速的增长。

目前，蒙古国实行国家普及免费普通教育制。自2005年开始实行"5+4+2"共计11年的基础教育体制，即小学5年、初中4年、高中2年。自2008年开始，实行"6+3+3"共计12年的基础教育体制，即小学6年、初中3年、高中3年。

蒙古国主要的大学有蒙古国立大学、蒙古科技大学、蒙古国立教育大学等。

新加坡共和国

基本概况

新加坡共和国（The Republic of Singapore），简称"新加坡"（Singapore），旧称"新嘉坡""星洲"或"星岛"，是东南亚的一个岛国。由于其岛形状像一头狮子，因此，别称"狮城"。在马来语中，"新加"为"狮子"之义，"坡"则是"岛"的意思。也有学者认为，岛上的土著居民中有一个狮子族，狮子象征着强大有力，新加坡国名由此转化而来。新加坡北隔柔佛海峡与马来西亚为邻，南隔新加坡海峡与印度尼西亚相望，毗邻马六甲海峡南口。1965年12月22日，新加坡共和国正式成立，政治体制实行议会共和制。首都为新加坡（Singapore）。

新加坡属于热带雨林气候区，全年高温多雨，长夏无冬，四季气温无明显变化，每年平均气温在23℃—35℃，年均降水量在2400毫米左右，湿度介于65%到90%之间。12月份是新加坡一年中最湿冷的月份，平均低温徘徊在23℃—24℃。此外，新加坡由于近几十年来市区发展迅速，全国皆受热岛效应影响，平均温度比邻近热带城市明显更高。

新加坡国土面积约为719.1平方千米。全国人口数量约为561万（2017年），其中华人（汉族）约占总人口的74.2%，马来族约占13.3%，印度裔约占9.1%，欧亚裔混血约占3.4%。各族人民的信仰分别如下：华人大都信仰佛教或道教；马来族、巴基斯坦裔基本信仰伊斯兰教；印度裔信奉印度教；西方人一般信奉基督教。政府规定英语、华语、马来语和泰米尔语为官方语言。

经济简介

新加坡属外贸驱动型经济，以电子、石油化工、金融、航运、服务业为主，高度依赖美、日、欧和周边市场。新加坡被誉为"亚洲四小龙"之一。根据2014年全球金融中心指数（GFCI）排名报告，新加坡是继纽约、伦敦、中国香港之后的第四大国际金融中心，也是亚洲重要的服务和航运中心之一。

新加坡的工业主要包括制造业和建筑业。制造业主要生产电子、化学与化工、生物医药、精密机械、交通设备等产品。新加坡已经成为东南亚最大的修造船基地之一，以及世界第三大炼油中心。服务业主要包括批发零售业、商务服务业、交通与通讯、金融服务业、酒店业等门类。新加坡的可耕地面积少，粮食主要依靠进口。新加坡有"花园之城"的美誉，旅游业是外汇主要来源之一，主要景点有圣淘沙岛、植物园、动物园等。游客主要来自东盟成员国、中国、澳大利亚、印度和日本等国。

外贸是新加坡国民经济的重要支柱，进出口商品包括加工石油产品、消费品、机器零件及附件、数据处理机及零件、电信设备和药品等。主要贸易伙伴是马来西亚、泰国、中国、日本、澳大利亚、韩国、美国等国。

新加坡货币为新加坡元（Singapore Dollar）。

 **商务交际**

与新加坡人打交道，须冠以"先生""太太"或"小姐"的称呼。见面时，握手、微笑必不可少，介绍后最好给现场所有人递上名片。

新加坡人见面时一般施握手礼。男女之间施握手礼时，最好等女士先伸出手来再握手。马来人则先双手互相接触，再把手收回放到自己的胸部。新加坡人坐着时，不将双脚分开；站立时体态端正，不把双手放在臀部，因为他们认为那是发怒的表现。

与新加坡人进行商务会谈，最好提前一至两个星期约定时间，尤其在参与人数较多的情况下更要提前预约。新加坡人喜欢旅行，开会要尽可能避开有公共假日的长周末。会前若可以获得对方与会人员的名单，了解对方的头衔、所负责的部门，甚至是种族、籍贯等，能为会议的顺利进行以及将来的合作打下良好的基础。在会议举行前一天，应再次确认会议的时间、地点。开会当天切记要准时，迟到的话会被看作是不尊重对方。商讨具体事宜时，新加坡人一般会直奔主题。有时候他们也会先聊聊家常，如果遇到这样的情况最好不要强行打断。

谈判时，应以诚相待，不妨多说几句"多多指教""多多关心"的谦语以示尊敬。新加坡人很少当面回绝，打交道时应多留心他们的面部表情、手势或语气。

新加坡人重视书面依据。在商务洽谈后一至两天内，尽可能送上一份商谈记录及备忘录，有助于明确各方的职责，也会让对方感觉到我们处事的专业性和责任感。同样，准备合同时要尽可能地把各种细节考虑在内，并且给予新加坡方充裕的时间来确认合同内容。

与新加坡人进行商务洽谈时，一般穿白衬衫和长裤，打领带。当地工商界人士多讲英语，见面时要递交用英文印刷的名片。

新加坡人爱饮茶，常以茶水招待客人。

新加坡人不喜欢挥霍浪费，宴请对方不要过于讲求排场，尤其是在商务活动中，答谢宴不宜超过主人宴请的水平。

到新加坡人家里吃饭，可以带一束鲜花或一盒巧克力作为礼物。谈话时，避免谈论政治和宗教，可以谈谈旅行见闻及新加坡的经济成就。

新加坡一般不提倡付小费，即便是对服务员的额外服务付费，对方也有可能拒收。

爱好与禁忌

新加坡人的主食多为米饭。新加坡的马来人在用餐时一般用右手抓取食物，进餐时也须使用右手。

新加坡人偏爱红色，认为红色艳丽夺目，对人有激励作用；一般不喜欢紫色和黑色，将其视为不吉利的色彩。

新加坡人喜欢购物、美食和旅游。

新加坡人喜欢兰花，喜欢"喜""福""吉""鱼"等字，认为这些字都预兆吉利。在大多数新加坡人眼中，"苹果"和"荷花"代表"和平"，"蝙蝠"寓意"幸运"，"竹"表示"文明""学习"和"力量"，"梅花"是"新年之花"。他们喜欢红双喜、大象、蝙蝠等图案。

新加坡人一般不喜欢数字7，认为它是个消极数字。和新加坡人打交道一般不说"恭喜发财"，因为他们认为"发财"含有"横财"之意。

不可触摸新加坡人的头部，因为他们将头部视为心灵之所在。在公共场合不可拥抱和亲吻他人。

新加坡人一般不喜欢男士留长发、蓄胡子。

进入清真寺前要脱鞋，进入大部分新加坡人家前也要脱鞋。

新加坡人反对使用如来佛的形态和侧面像做广告宣传，禁用宗教词句宣传商品。

教育简况

新加坡的教育发展主要经历了四大阶段："生存导向"阶段（1959—1978），

主要普及大众教育;"效率导向"阶段(1979—1996),在普及教育的基础上注重效益,改革教育体制和结构,实行分流教育体制;"能力导向"阶段(1997—2010),主张以学生为中心,注重培养学生的创造和思考能力;"价值导向"阶段(2011),强调此后20年强化双语(学生除学母语外,需兼通英语)、体育、德育,主张创新和独立思考能力并重。

当前,新加坡实行10年制的中小学普及义务教育。其中,6年为小学教育,而后参加离校考试(PSLE)并依据成绩分流进入直通车、快捷班、普通(学术)、普通(工艺)等中学。中学教育为4—5年,毕业后参加新加坡剑桥普通教育证书普通水准或初级水准考试,进入中学后教育阶段。新加坡很重视教育,教育部是仅次于国防部的第二大财政开支部门。新加坡奉行精英教育,教育制度类似英国式制度,除了各语文类学科外,均以英语为媒介语言。

新加坡著名的大学有新加坡国立大学、南洋理工大学等。

马来西亚

马来西亚（Malaysia），简称"大马"。马来半岛盛产黄金，在马来语中，"马来"二字意为"黄金"。马来西亚地处太平洋和印度洋之间，全境被南中国海分为东马来西亚和西马来西亚两部分。西马来西亚为马来亚地区，位于马来半岛南部，北与泰国接壤，西濒马六甲海峡，东临南中国海；东马来西亚为砂捞越地区和沙巴地区的合称，位于加里曼丹岛北部。政治体制为君主立宪制。首都为吉隆坡（Kuala Lumpur）。

马来西亚位于赤道附近，属热带雨林气候和热带季风气候；全年炎热，无明显四季之分，年温差变化极小，平均气温在26℃—30℃之间；全年雨量充沛，3—6月及10月至次年2月是雨季。西马年平均降雨量为2000—2500毫米，东马在3000毫米以上。马来西亚拥有多样化的自然生态环境，因高温多雨，有"四季皆夏，一雨成秋"之说。

马来西亚国土面积约为33万平方千米。全国人口数量约为3162万（2017年），其中马来人为最大族群，其次为华人、印度人以及东马土著。马来人信奉伊斯兰教，华人和印度人分别信奉佛教和印度教。马来语为国语，通用语言为英语和华语。

经济简介

马来西亚自然资源丰富，橡胶、棕油和胡椒的产量和出口量居世界前列，曾是世界产锡大国。马来西亚石油储量较为丰富，拥有一定数量的铁、金、钨、煤、铝土、锰等矿产，也盛产热带硬木。马来西亚政府鼓励以原料为主的加工工业，重点发展电子、汽车、钢铁、石油化工和纺织品等。农业以经济作物为主，主要有油棕、橡胶、热带水果等。马来西亚旅游业发展迅速，主要旅游景点有云顶、槟城、马六甲、兰卡威、刁曼岛、热浪岛、邦咯岛等。

马来西亚对外贸易发达，主要出口产品为电子电器、棕榈油、原油、木材产品、天然气和石油产品，主要出口市场为美国、新加坡、欧盟成员国、日本和中国等国；主要进口机械运输设备、食物、烟草和燃料等。

马来西亚货币为马来西亚林吉特（Malaysia Ringgit）。

商务交际

马来西亚人在交换名片时，习惯用左手托住右手手腕，用右手进行交换。接到对方名片后，应先看一看然后再收起来。

马来西亚人见面时，一般施握手礼。年轻人见到年长者一般会紧握双手，再双手朝胸前作抱状，身体朝前弯下。介绍人相互认识时，通常先介绍年长者或比较有身份的人物；先介绍女士，后介绍男士。朋友间见面和分别，都要轻微点头示意以示礼貌。

在正式场合，男士须穿深色西服，系领带。女士服装袖子的长度一般要盖住上臂，裙子的长度最好要达到膝盖。

与马来西亚人初次会面，应该进行一般性谈话，比如旅行、观光、国家贸易条件、饮食等。不要盲目地对当地的风俗习惯、政治策略或是宗教信仰等进行评论。与他们建立贸易伙伴关系，可以通过共进晚餐、打高尔夫球、城市观光游览等方式进行。

与马来西亚人商务谈判要提前预约，准时赴约。大部分马来西亚人善于商谈，因此为了避免不必要的损失，提出报价时应预留谈判空间。谈判时，马来西亚人用词委婉，较少使用"不"表示不赞成。

在马来西亚，年长者、在组织中担任重要职务的人，以及马来西亚贵族都具有较高的社会地位。交谈时，不要大声说话或喧闹，不可在别人说到一半时打断。

马来西亚人在进行商务会谈的时候，通常会用茶或是冷饮招待客人。当别人问您想喝些什么时，比较礼貌的回答是"随便喝点即可"。一般要等主人喝过以后，再喝自己杯中的饮品较为合适。

在马来西亚，只有朋友之间才会互赠礼物而且一般不当着送礼人的面打开礼物。

马来西亚人喜欢以面对面商讨的方式来解决争端，较少使用传真或是电子邮件。在解决商业争端的时候，他们更注重关系而不是合同条款。谈判时，让您的律师留在幕后比直接参与谈判更为合适。因为在许多马来西亚人看来，律师的存在是缺乏信任的表现。

爱好与禁忌

马来西亚人一般喜爱绿色，视绿色为吉祥之色。马来西亚的国花是扶桑花。人们把其喻为热爱祖国的烈火般的激情，也有人将其喻为革命的火种，使殖民主义者相继后退。马来西亚人一般喜爱佩带短剑。

马来西亚人的食物一般以米饭、糕点、椰浆、咖喱为主，口感偏于微辣。马来人和印度人用手取食，华裔则用筷子和汤匙，只有在西式宴会时，才偶尔用刀和叉。

马来西亚人在打招呼、握手、馈赠礼物或接物时一般不用左手。和马来人交谈时，不要把双手贴在臀部，因为他们认为这是发怒的表现。

马来西亚人忌讳他人触摸头部，忌讳用食指指人。

进入清真寺必须衣着整洁，不可以穿短裙、短裤及半袖进入。

教育简况

马来西亚的教育主要分为三个阶段：启蒙式教育（早期零散、具宗教性）、英国教育模式（殖民时期）、一体化教育（由多民族、多样、分离式的教育逐步走向统一）。马来西亚拥有马来人、华人、印度人三大族群，但政府注重塑造以马来文化为基础的国家文化，重视马来语的普及教育，推行"国民教育政策"，采用统一的教学课程。

当前，马来西亚实行9年制义务教育。小学教育为6年制，而后升入中学接受5年制的中学教育（其中初中三年，高中两年）。初中毕业后，参加国家统考，分别进入高中、职业学院或技能培训机构学习。高等教育阶段的教育课程主要包括学历证书课程、文凭课程、学位课程。公立高等教育可分为学院教育（政府公立大学教师培训学院）、职业技术教育（公立职业技术学院）、大学教育（国立大学及国立大学学院）和其他形式的高等教育（远程教育等）四个部分。

马来西亚著名的大学有马来亚大学、拉曼大学、博特拉大学、国民大学、理工大学、国油科技大学等。

印度尼西亚共和国

 **基本概况**

　　印度尼西亚共和国（The Republic of Indonesia），简称"印度尼西亚"（Indonesia）或"印尼"。印尼由太平洋和印度洋之间17508个岛屿组成，是全世界最大的群岛国家，别称"千岛之国"，也是多火山多地震的国家。"印度尼西亚"一名，来自希腊文，意为"水中岛国"。印尼位于亚洲东南部，地跨赤道，东临巴布亚新几内亚，南靠东帝汶，西南濒印度洋；北接马来西亚、新加坡，并隔海与我国南沙群岛及菲律宾相望。政治体制为总统共和制，首都为雅加达（Jakarta）。

　　印尼属于典型的热带雨林气候，年平均气温25 ℃—27 ℃，无四季分别。北部受北半球季风影响，7—9月降水量丰富；南部受南半球季风影响，12月、1月、2月降水量丰富，年降水量1600—2200毫米。

　　印尼国土面积约为191.36万平方千米。全国人口数量约为2.67亿（2018年），是继中国、印度和美国之后人口总数位居世界第四的国家。印尼还是一个多民族的国家，拥有100多个民族，200多种民族语言。约87%的人信奉伊斯兰教，是世界上穆斯林人口最多的国家；6.1%的人信奉基督教，3.6%信奉天主教；其余信奉印度教、佛教和原始拜物教等。官方语言为印度尼西亚语，流行英语。

 **经济简介**

　　印尼是东盟最大的经济体，矿产资源丰富，有"热带宝岛"之称，富含石油、天然气、铝矾土等，锡、煤、镍、金、银等矿产产量居世界前列。矿业在印尼经济中占有重要地位。印尼工业主要包括采矿、纺织、轻工等。旅游业较为发达，主要景点有巴厘岛、雅加达缩影公园、日惹婆罗浮屠佛塔、普拉班南神庙、苏丹王宫、北苏门答腊多巴湖等。印尼每年有大量劳动人口输出海外，其中以在马来西亚及沙特阿拉伯的人口最多。部分城市，如雅加达、泗水、万隆等大都市，建设十分完善，许多国际品牌到印尼设厂或开设精品店。

　　印尼主要出口产品有石油、天然气、纺织品和成衣、木材、藤制品、手工艺品、鞋、铜、煤、纸浆和纸制品、电器、棕榈油、橡胶等；主要进口产品有机械运输设备、化工产品、汽车及零配件、发电设备、钢铁、塑料及塑料制品、棉花等。主要贸易伙伴为中国、日本、新加坡、美国等国。

印尼货币为印尼盾（Indonesian Rupiah）。

 **商务交际**

称呼印尼人时，最好以头衔相称，一般采用"先生""小姐""夫人"一类的西式称呼。见面时，一般行握手礼，印尼人一般不主动与异性握手。同熟人或朋友见面，有时也行按胸礼，即用右手按住胸口相互问好。

印尼人重视礼节，讲究礼貌，经常使用"谢谢""对不起""请原谅""请"等敬语。

印尼商人注重名片，初次见面最好互相交换名片。商务交往中通常不要询问印尼人的姓名，因为他们的姓名长度往往与他们的富裕程度成正比，即多数中间阶层的印尼人有两个名字，许多下层人民只有一个，富有者通常有很长的姓和名。在称呼时，只能使用他们的第一个姓，不能用第二个。

正式场合宜穿西装，打领带，穿长裤。访问须事先预约，并准时赴约。

印尼商人做决定一般比较谨慎，为取得理想的谈判结果，最好预留一周左右的时间。印尼商人在社交性宴会上一般不谈论生意。如果他们邀请您赴宴，为表感谢，最好在回国前以相同标准回请一次。

印尼人敬烟时，一般会将烟盒先磕一下，使几支烟露出烟盒，再递到客人面前。客人取烟时，一般先将露出烟盒最长的那支烟按进烟盒，然后取出露出最短的一支，以示谦虚。主动从烟盒中取出一支递给客人，或远抛给客人不是很合适。他们认为这种做法对他人不够尊重。

前往印尼进行商务访问最好安排在3月至7月。登记住宿时，一定要询问是否有季节差价。

在印尼，公共汽车上坐着的人一般要为站着的人拿东西，男士要为女士让座。一般不要等车子完全停下来才上下车，因为车子通常一直处在移动的状态。

受邀到印尼人家中做客，就餐时不要过多说话，用餐完毕后在盘子里留点食物。印尼人吃饭一般使用勺和叉子，一些人也喜欢用手抓饭。抓饭时，先把米饭盛在盘子里，然后用右手指将饭捏成小团，再送到嘴里。饭桌边上要放一碗清水，他们边抓饭边不时用手蘸清水，以免米饭黏在手指上。

爱好与禁忌

印尼人在饮食习惯上以大米为主食，以鱼类、蔬菜、肉类等为主要副食品，喜欢以牛、羊、鸡的五脏烹制各种菜肴。大多数人都不饮酒，极少数人爱饮烈性酒，少部分人爱喝葡萄酒和香槟酒。

印尼人喜欢笑，也喜欢开玩笑，认为笑口常开是社交场上的一种礼貌。与印尼人交谈应避开政治、宗教等话题。

进入印尼人家里，或者与他们谈话时，要摘下墨镜。

印尼人忌讳用左手传递东西或食物，如实在腾不开右手而不得不用左手递东西时，一定要说声"对不起"，以示歉意。

印尼人偏爱茉莉花，把茉莉花视为纯洁和友谊的象征。他们认为乌龟给人以"丑陋""性"等坏印象；忌讳老鼠，认为老鼠是害人的动物；忌讳摸孩子头部；忌讳夜间吹口哨，认为这样会招来游荡的幽灵。

男士对女穆斯林（一般戴面纱者）不要主动伸手要求握手。参观庙宇或清真寺等神圣的地方，一定要脱鞋方可进入，也不能穿短裤、无袖衫、背心或裸露的衣服进入。

教育简况

印度尼西亚的义务教育为9年，未来将延长至12年。目前，印尼义务教育的普及程度仍有待提高，小学及初中生入学后未能坚持到毕业的学生比例不低。印尼的学前教育从3岁开始，以民办公助为主；小学从6岁开始，学制6年，实行双语（印尼语和本地语）教学；中学包括初中和高中两个阶段，学制各3年；中学教育的机构分普通中学与职业中学两类；大学学制2—3年；研究生学制2—4年。印尼的学校分为国立和私立两类。前者由政府主办，多数为中小学，幼儿园和高等院校较少，办学水平较高；后者由政党、社团、私营企业或基金会创办，中小学较少，幼儿园和高等院校较多，接受政府文教部和创办单位的双重领导。

印尼著名的大学有印度尼西亚大学、加查马达大学、艾尔朗卡大学、万隆工学院、查兰大学等。

缅甸联邦共和国

基本概况

缅甸联邦共和国（The Republic of the Union of Myanmar），简称"缅甸"（Myanmar），位于中南半岛西部，西北邻印度和孟加拉国，东北靠中国，东南接泰国与老挝。"缅甸"一名，来源于占大多数人口的缅族的族名。缅甸人认为他们的名称来源于"缅"，加上表示尊敬的后缀"玛"组成，有"敏捷""强壮"的意思。政治体制为总统共和制。2005年，缅甸政府将首都从最大城市仰光迁至内比都（Nay Pyi Taw或NayPyitaw）。

缅甸大部分地区都在北回归线以南，属热带季风气候。全年各地气温变化不大，可分为热季（3月至5月中旬）、雨季（5月中旬至10月）、凉季（11月至次年2月）。最冷月（1月）的平均气温为20℃—25℃，最热月（4、5月间）的平均气温为25℃—30℃。雨量充沛，降雨多集中在西南季风盛行的6、7、8三个月，大部分地区年降雨量达4000毫米以上。中部年降雨量不足1000毫米，是缅甸的干燥地带。缅甸生态环境良好，自然灾害较少。

缅甸国土面积约为67.65万平方千米。全国人口数量约为5289万（2016年）。共有135个民族，主要有缅族、克伦族、掸族、克钦族、钦族、克耶族、孟族和若开族等，缅族约占总人口的65%。各少数民族均有自己的语言，其中克钦、克伦、掸和孟等民族有文字。缅甸85%以上的人信仰佛教，其余的信仰基督教、伊斯兰教、印度教和泛灵论等。

经济简介

缅甸是一个以农业为主的国家，从事农业的人口超过60%。稻米、棉花、甘蔗、豆类是缅甸农业的四大支柱。林业方面，缅甸盛产柚木，占世界现存柚木总量的75%。矿产资源丰富，有石油、天然气、钨、锡、铅、银、镍、锑、金、铁、铬、玉石等，其中红宝石及翡翠举世闻名。缅甸风景优美，名胜古迹众多，主要景点有世界闻名的仰光大金塔、文化古都曼德勒、万塔之城蒲甘、茵莱湖水

上村庄以及额布里海滩等。

缅甸主要出口商品有大米、玉石、各种豆类、橡胶、皮革、矿产品、木材、珍珠、宝石和水产品等；主要进口工业原料、化工产品、机械设备、零配件、五金产品和消费品等。

缅甸货币为缅币（Burmese Kyat）。

商务交际

缅甸人只有名字，没有姓，但要在名字前面加一冠称，以示性别、长幼和尊卑。对长辈或有地位的男士，名字前冠以"吴"（叔、伯之义），对晚辈则称"貌"（意为弟弟）。一个人随其年岁的增长和地位的提高，名字前的冠称会发生变化。

缅甸是个多礼节的国家。缅甸佛教徒在社交场合与客人见面时，习惯施合十礼。施合十礼时，如果戴着帽子，要摘掉夹在左腋下，然后双手合十施礼。施合十礼时，要双脚站定，两手合掌后举至胸前倾斜，并说"给您请安了"。

缅甸人见到不太熟悉和不经常见面的老人、领导时，如果他们正坐在地板上，则要施跪拜礼。若这些老人和领导是比较熟悉的人，则施坐拜礼。缅甸人到僧人、父母、师长面前时，都要施大礼，即"五体投地礼"。他们路遇老人、领导、学者时，一般施鞠躬礼。

过去，到缅甸人家里做客，都要进门脱鞋，现在这种习俗已渐有改变。缅甸人遵循"男右女左"的习俗，认为"右为大，左为小""右为贵，左为贱"。他们一般不用左手递东西或食物，认为左手肮脏，右手才是洁净的。

缅甸人时间观念比较强，每场活动前请提前或准时到场，千万不要迟到。

在缅甸，男女不可牵着手走路。

缅甸人不喜欢吃猪肉、动物内脏，部分缅甸人不吃四条腿动物的肉。进餐时缅甸人习惯将米饭盛在盘子里，用右手抓食，但随着社会发展，用刀、叉、勺进食者逐渐增多。

缅甸为佛教国家，视佛塔、寺庙为圣地。因此，无论国家元首、外国贵宾，还是平民百姓，进入佛寺一律要赤脚（脱鞋、脱袜），否则就被视为对佛的不敬。缅甸人大多信奉佛教，有"过午不食"的教规，还有少数人信奉基督教和伊斯兰教。

爱好与禁忌

缅甸人喜爱鲜明的色彩，例如佛教徒所穿的番红黄色袈裟。缅甸人喜欢戴金首饰，还喜欢用猫头鹰作图案。

缅甸人认为头部是一个人最高贵的地方，一般不喜欢别人触摸自己的头。在缅甸，也不可抚摸小孩的头。

在缅甸，小孩两手交叉于胸前，是表示对大人的尊敬。

缅甸人尊重僧侣，黄色的袈裟在人们心目中是庄严、崇高、圣洁、不可侵犯的象征。乘船坐车，人们见到和尚要起立让座；在宴会、集会等场合，和尚都坐最好的位置；任何人，包括国王，谒见和尚就要跣足膜拜；大法师有事约见缅王时，缅王要主动让开宝座，以示尊敬。游客如果对寺庙、佛像、和尚等做出轻率的举动，会被视为罪恶滔天。跨坐石佛像上拍照，会惹来不必要的麻烦。

女士的筒裙被视为不洁，严禁晾晒在头部以上的高度，忌讳从晾晒的女士筒裙底下走过。

教育简况

缅甸的教育主要分为三个阶段：古代教育（封建王朝时期，以寺庙教育为主，女童鲜有接受教育的机会）、近代教育（殖民地时期）和现代教育（独立以后）。缅甸的寺庙教育影响较深，至今仍作为缅甸教育的特色代表，这与缅甸为数众多的佛教信徒有关。在缅甸，寺庙不仅是人们举行宗教仪式的场所，同时也是学校，会提供一些文化基础教育和技术课程，如钟表、摩托车修理和缝纫等。

当前，缅甸实行小学义务教育。教育分学前教育、基础教育和高等教育。学前教育包括日托幼儿园和学前学校，招收3—5岁儿童；基础教育学制为10年，1—4年级为小学，5—8年级为普通初级中学，9—10年级为高级中学；普通高校本科自2012年起由3年制改为4年制。

缅甸著名的大学有仰光大学、曼德勒大学等。

泰王国

基本概况

泰王国（The Kingdom of Thailand），简称"泰国"（Thailand），旧名"暹罗"。1949年5月11日，泰国人用自己民族的名称，把"暹罗"改为"泰"，主要是取其"自由"之义。泰国位于亚洲中南半岛中南部，与柬埔寨、老挝、缅甸、马来西亚接壤，东南临泰国湾（太平洋），西南濒安达曼海（印度洋），西部和西北与缅甸接壤，东北与老挝交界，东南与柬埔寨为邻，疆域沿克拉地峡向南延伸至马来半岛，与马来西亚相接，其狭窄部分居印度洋与太平洋之间。政治体制为君主立宪制，首都为曼谷（Bangkok）。

泰国属于典型的热带季风气候，全年分为热、雨、旱三季，年均气温24℃—30℃。热季（3—6月）平均气温32℃—38℃；雨季（6—10月）平均气温27℃—28℃，在此期间泰国雨量最集中；旱季（11月至次年2月）平均气温19℃—26℃。旱季比较干燥，但较为凉爽。平均年降水量约1000毫米。

泰国国土面积约为51.31万平方千米。全国人口数量约为6918万（2018年）。全国共有30多个民族。泰族为主要民族，约占人口总数的40%，其余为佬族、华族、马来族、高棉族，以及苗、瑶、桂、汶、克伦、掸、塞芒、沙盖等山地民族。泰语为国语。90%以上的民众信仰佛教，马来族信奉伊斯兰教，还有少数民众信仰基督教、天主教、印度教和锡克教。

经济简介

泰国在东南亚国家中是仅次于印尼的第二大经济体。农业是泰国传统经济产业，农产品是其外汇收入的主要来源之一。泰国是世界著名的大米生产国和出口国，也是仅次于日本、中国的亚洲第三大海产品国，为世界第一产虾大国。泰国自然资源丰富，橡胶产量居世界首位，其中90%用于出口。森林资源、渔业资源、石油、天然气等也是其经济发展的基础。制造业是国民经济中的最大产业，也是主要出口产业之一。旅游业是泰国外汇收入重要来源之一，主要旅游景点有曼谷、普吉、清迈、芭提雅、清莱、华欣、苏梅岛等，在世界上有"佛教之国""大象之国""微笑之国"等称誉。

泰国主要出口产品有自动数据处理机、集成电路板、汽车及零配件、成衣、鲜虾冻、宝石和珠宝、初级化纤、大米、收音机和电视机、橡胶等；主要进口产品有电子和工业机械、集成电路、化学品、电脑配件、钢铁、珠宝、金属制品等。

泰国货币为泰铢（Thai Baht）。

 ## 商务交际

泰国人称呼人名时，一般在名字前加一个"坤"（khun）字，无论男女均可用，表示"先生""夫人""小姐"之义。泰国人打招呼时，会以双掌合十，放在胸部和额头之间，状似祷告，称"wai"。合十时要稍稍低头，口说"萨瓦迪卡"，意为"您好"。晚辈见长辈要双手举至前额，平辈相见举到鼻子以下，长辈对晚辈还礼举到胸前。地位较低或年纪较轻者应先合十致意。双掌合十举得越高，表示尊敬程度越深。在泰国，别人向您合十致敬，您必须还礼，否则就是失礼；双方合十致礼后就不必再握手。在外交和一些正式场合，泰国人也按国际惯例握手致意。

在泰国，与合作伙伴建立并保持良好的私人关系是生意成功的关键。大多数泰国人不愿意与不了解的人进行商业来往，尤其是对于那些想要出售商品给他们的外国人。对于这个问题，可以采用贸易展览或是贸易代表团的形式来达到预期目标，也可通过一个对双方都比较熟悉的高层组织或个人进行介绍和引荐。

和泰国商人洽谈，须准时赴约。交换的名片最好使用英文、泰文、中文等多种语言对照。泰国商人做生意看重对方的信誉。

到泰国进行商务活动，最好选择在气候宜人的11月至次年3月。

商务款待泰国商人，可邀请他们到大宾馆的西餐厅，安排自助餐，通常也要邀请他们的妻子参加宴会。切勿在就餐期间讨论商务，不要夸耀自己国家的经济如何强大，也不要追问对方隐私。

在泰国，与人谈话时不得戴墨镜，不能用手指着对方说话。从别人面前走过时（不管别人是站着还是坐着），不能昂首挺胸，大摇大摆，必须躬身，表示不得已而为之的歉意。女士从他人面前走过时，也应如此。学生从老师面前走过时，必须合十躬身。女士落座，双腿需要并拢。

泰国人比较讲究着装，衣服均要熨烫。在正式场合和庄重的仪式上，男士一

般穿西装，女士穿裙装。

在泰国的公众场合，不能拥抱、亲吻或握手，某些允许裸体晒日光浴的海滩除外。切勿把一条腿搭在另一条腿上，不要在长者面前交叉双腿。门口、房顶禁止悬挂衣物，特别是裤衩和袜子等。

在汽车或火车上，最好把座位让给僧侣，不可与僧侣邻坐。不能用手指僧侣，不能接触僧侣身体；普通人一般不能与僧侣握手，尤其是女性不可与僧侣握手；女士若想将东西奉给僧侣，应委托男士转交，如果要亲手赠送，那僧侣便会拿出黄袍或手巾，承接女士交来的东西。

泰国是君主立宪制国家，国王及皇室成员在泰国享有崇高地位，受到泰国人民的爱戴。出行到泰国，应对国王及皇室成员表示尊重。不得在公开场合议论与皇室有关的话题，或发表有损皇室名誉的言论，否则即属重罪。

爱好与禁忌

泰国人喜爱红、黄两色，禁忌褐色，广告、包装、商标、服饰都喜欢使用鲜明的颜色。

他们认为右手洁净而左手不洁，左手只能用来拿一些不干净的东西。重要东西用左手取会惹人不快。

不用红笔签名，因为在泰国，人死后是用红笔把他的姓氏写在棺木上的。

需要特别注意的是，狗在泰国是禁忌图像。

泰国人忌讳外人抚摸小孩（尤其是小和尚）的头部，小孩子的头只允许国王、僧侣和自己的父母抚摸。即使是理发师也不能乱动别人的头，在理发之前必须说一声"对不起"。

佛教在泰国的地位神圣不可侵犯，任何亵渎的行为都可能受到指责甚至拘禁。进入佛教寺庙，衣着应端庄得体，身着短裙、短裤或袒胸露背装都不得入内。进入佛堂、清真寺或私人住宅时，需要脱鞋，并注意不可脚踏门槛，因为泰国人认为门槛下住着神灵。

到泰国人家中做客，如果发现室内设有佛坛，需要马上脱掉鞋袜以示尊敬，戴帽子的人也要立刻摘掉帽子。

在泰国，售卖佛像的工艺品店比比皆是。游客买到佛像后要慎重待之，切不可当它是一种玩物，更不可爬上佛像拍照。

 **教育简况**

　　泰国的教育主要是由泰国教育部管理。学龄儿童必须入学。完成中学前3年的课程后，这些学生可以就读公立或私立学校。少数偏远地区学校的学制只包含6年小学和3年中学。

　　泰国在小学、初中、高中阶段实行义务教育，共12年制。学前教育学制4年，3—6岁；小学教育学制6年，7—13岁。中学教育包括初中和高中两个阶段，每阶段各3年。高中包括普通高中和职业高中，学生初中毕业后分流至普通高中或职业学校。高等教育主要分为大专（2年制）和本科（4年制）。本科毕业可获得学士学位，之后继续学习2年可获得硕士学位。

　　泰国著名的大学有朱拉隆功大学、法政大学、农业大学、清迈大学、孔敬大学、宋卡纳卡琳大学、玛希敦大学、诗纳卡琳威洛大学、易三仓大学和曼谷大学等。

老挝人民民主共和国

 基本概况

　　老挝人民民主共和国（The Lao People's Democratic Republic），简称"老挝"（Laos），位于中南半岛的西北部。老挝北面与中国云南相接，东面与越南为邻，西面、西南面分别与缅甸、泰国交界，南面与柬埔寨接壤。1954年，老挝脱离法属印度支那正式独立，即老挝王国。1975年老挝人民革命党军推翻了老挝王国，同年12月2日老挝人民革命党改国名为老挝人民民主共和国。老挝实行人民代表大会制度，首都为万象（Vientiane）。

　　老挝属热带、亚热带季风气候，5月至10月为雨季，11月至次年4月为旱季，年平均气温约26℃。老挝全境雨量充沛，年降水量最少为1250毫米，最大年降水量达3750毫米，一般年降水量约为2000毫米。境内约80%为山地和高原，且多被森林覆盖，有"印度支那屋脊"之称。

　　老挝国土面积约为23.68万平方千米。全国人口数量约为680万（2017年），分为49个民族，主要有老龙族、老听族、老松族。老挝各民族都有自己的语言，通用官方语言为老挝语。1961年，老挝宪法规定佛教为国教。

经济简介

　　老挝矿产资源丰富，主要有锡、金、铁、铜、铝、锑、煤、宝石、钾盐、石膏等。老挝水力资源丰富，盛产柚木、花梨等名贵木材。经济以农业为主，农作物主要有水稻、玉米、薯类、咖啡、烟叶、花生、棉花等。工业、服务业基础相对薄弱。工业主要包括发电、锯木、采矿、炼铁、水泥、服装、食品、啤酒、制药等。近年来，老挝政府加大旅游基础设施投入，实施减少签证费、放宽边境旅游手续等措施，旅游业逐渐成为老挝经济发展的新兴产业。游客来源国主要为泰国、越南和中国。老挝的瓦普寺被列入世界文化遗产名录，著名景点还有万象塔銮、玉佛寺、孔帕萍瀑布、光西瀑布等。

　　老挝的重要出口农产品是咖啡。主要贸易对象为泰国、越南、中国、日本、

欧盟成员国、美国、加拿大和其他东盟国家。

老挝货币为基普（Laotian Kip）。

 **商务交际**

老挝人见面时习惯施合十礼（即双手十指并拢合掌举起）。施合十礼有以下规矩：对僧侣、王族、长辈、上司等身份比自己高的人，合掌要置于额前；对晚辈、下级等身份比自己低者，手掌置于颌下；对平辈或普通人等，合掌要置于脸前；现在一般多以平等身份处之。老挝人在施合十礼的同时，问候"沙迈迪"（你好）。

称呼时，为表示亲密，老挝人一般称长辈为大爷、大娘，称年纪比自己大的同辈人为大哥、大姐，称年纪比自己小的为弟弟、妹妹，在国家机关或军队中一般称同志。

重大节日里，老挝男性一般上身穿长袖衬衫，下身穿长裤；女性上身穿长袖对襟褂子，下身穿筒裙。

到老挝人家中做客，应准备包装美观的礼品，如花篮、工艺品、烟酒等。参加婚宴时，多送现金。客人进门应走前门，进屋前要脱鞋。老挝人一般都习惯席地而坐，男士盘膝，女士并膝，并把脚侧放一边。当有人对坐谈话时，不要从谈话的两人间穿过，如无地方绕行须从中间穿过，应低头穿过并说"对不起"。与别人交谈时，将手放在口袋里或者手舞足蹈，也是不礼貌的行为。

老挝人待客热情，家中有客来访时较流行喝团结酒，即主人拿来一瓶酒和一只酒杯，主人先喝，然后依次请客人喝。坛酒也是老挝人待客的一种传统礼仪，酒坛上插上许多竹管，宾主围坛而坐，边谈边喝。

老挝人有嚼槟榔和吸烟的习惯。

拴线仪式是老龙族的一种礼仪风俗，是一种祝福仪式，常在逢年过节、欢迎贵宾、结婚喜庆时举行。仪式上，宾主席地而坐，中间摆着插满鲜花的银制托盘，鲜花上挂着一束束洁白的棉线。仪式开始时由德高望重的长者或和尚念祝福词，念完后把鲜花上的棉线取下，给各位来宾和客人往手腕上拴线，一边拴线一边说祝福的话语。客人也可主动给主人或其他人拴线祝福。拴在手上的线，一般要戴三天至一个星期。

爱好与禁忌

在老挝，大部分人不喜欢白色，将白色视为不吉利的色彩。

老挝人大多数信奉佛教，其佛教徒主要守持五戒，但不是只吃素，而是忌食"十肉"（即人、象、虎、豹、狮、马、狗、蛇、猫、龟），日进二斋，过午不食。游客参观佛寺时，进门前要脱下鞋子，且不可大声喧哗。

老挝人忌讳生人进入内室；忌讳别人触摸他们的头，因为他们认为头是最神圣的部位，任何人都不能随意侵犯；老挝人一般用右手传递东西或食物。

老挝人大多居住在濒临河溪的地方，对村旁河水的使用有着严格的区分：上段是取饮用水的地方，不能洗澡或洗衣物。取水时，只要水源处有公共用具如竹筒之类，就不能使用自己的器具直接舀水。室内的用水也有区分。一般来说，小竹筒或葫芦里的水多作饮用，不能用来洗东西。

进入佛殿要脱鞋，不要随便触摸佛像，更不要在佛寺或其附近杀生，砍伐菩提树、椿树之类。不得把佛寺中的东西带出寺外，更不得把和尚禁吃的东西如肉及酒等带入佛寺。外人不能同和尚一起进餐；佛寺中的池塘、水缸或锅中的水，外人可以饮用，但不能喝和尚水壶里的水，除非是和尚给你喝才行。

教育简况

老挝旧式教育以佛寺为中心，佛寺是学校，住持是校长，僧侣为教师。老挝现有佛寺2000多座，寺庙除举办佛事活动外，普遍开展教学活动。僧人在佛寺里不仅学习经文，还学习数学、历史等。僧侣教育由国家支持，分小学、中学、佛学院（相当于高中）三级，后者由教育部主管，毕业生被授予"马哈"的尊称。

在老挝现行学制中，小学5年为义务教育；中学教育分为初中和高中，学制定为初中4年，高中3年；高等教育学制一般为4年。学生完成高中阶段学业，通过毕业考试可获得文凭或通过高考进入大学阶段学习。高等教育包括普通大学和职业教育，前者包括专科、本科以及研究生教育，学制2—10年；职业教育包括文凭和证书教育，前者包括大专和本科学士学位两个层次，可通过全日制和继续教育或培训完成学业。

老挝著名的大学有老挝国立大学、占巴塞大学和苏发努冯大学等。

柬埔寨王国

基本概况

柬埔寨王国（The Kingdom of Cambodia），简称"柬埔寨"（Cambodia），位于中南半岛南部，与越南、泰国和老挝毗邻，南邻泰国湾。湄公河自北向南纵贯全境，自然条件优越。20世纪70年代开始，柬埔寨经历了长期的战争。1993年，随着国家权力机构相继成立和民族和解的实现，柬埔寨进入和平与发展的新时期。政治体制为君主立宪制，首都为金边（Phnom Penh）。

柬埔寨属热带季风气候，年平均气温29℃—30℃，5—10月为雨季，11月至次年4月为旱季。受地形和季风影响，各地降水量差异较大，象山南端可达5400毫米，金边以东约1000毫米。

柬埔寨国土面积约为18.1万平方千米，全国人口数量约为1576万（2016年）。柬埔寨有20多个民族，其中高棉族为主体民族，约占总人口的80%，还有占族、普农族、老族、泰族和斯丁族等少数民族，华侨、华人约110万。佛教为柬埔寨国教，95%以上的居民信奉佛教。

经济简介

柬埔寨是传统农业国，农业是经济第一大支柱产业。矿产资源主要有金、磷酸盐、宝石和石油，还有少量铁、煤。林业、渔业资源丰富，森林覆盖率约60%，盛产贵重的柚木、铁木、紫檀、黑檀、白卯等热带林木，并有多种竹类。

柬埔寨的制衣业占工业的主导地位和出口创汇的龙头地位。近几年来，柬埔寨的旅游业发展较快，著名景点有吴哥古迹、金边王宫等。

柬埔寨主要出口产品为服装、鞋类、橡胶、大米、木薯等；主要进口产品为燃油、建材、手机、机械、食品、饮料、药品和化妆品等；主要贸易伙伴为美国、欧盟成员国、中国、日本、韩国、泰国、越南和马来西亚等国。

柬埔寨货币为瑞尔（Camboddian Riel）。

商务交际

柬埔寨人的名字姓在前，名在后。贵族一般继承父姓，平民一般以父名为姓，也有以祖父名为姓的。柬埔寨人名字音节的多寡表示社会地位的高低，平民多为单音节，贵族名字比较长。柬埔寨人通常不称呼姓，习惯直呼其名，并在名字前面加一个区分性别、长幼、尊卑的词，如"召"意为孙儿，"阿"意为小孩，"达"意为爷爷，"宁"意为姑娘，"洛克"意为先生等。

柬埔寨人见面多施合十礼，即双手合掌于胸前，稍微俯首，指尖的高度视对方身份而定，如女士向父母，孙儿向祖父母，学生向教师，应将合十的掌尖举到眼眉；政府官员下级向上级行礼时，应举到口部；地位相等者行礼时，应举到鼻尖。对国王、王室成员、僧侣行下蹲或跪拜礼。社交场合也流行握手礼，但男女间宜行合十礼。

柬埔寨人爱饮酒，男士一般喜爱抽烟，女士大多都爱嚼槟榔。进餐时，一般不用桌椅，而是脚向后席地跪坐。用餐惯用盘子、叉子、汤匙或用手抓饭，饭后有漱口的习惯。

柬埔寨人平时衣着较朴素，很多人喜欢光脚或穿拖鞋。正式社交场合较为讲究，大多穿西服或正式的民族服装。柬埔寨民族传统服装主要有纱笼、筒裙、凤尾裙、水布等。

柬埔寨人有个古老而美好的穿戴习惯，喜欢用五彩缤纷的服饰色彩来表示日子。星期一喜欢用嫩黄色，星期二爱用紫色，星期三乐于用绿色，星期四用灰色或浅蓝色，星期五用红色，星期六用黑色，星期天用红色。这种穿戴习惯在宗教活动中特别盛行，因此被誉为"七彩星期"。

在柬埔寨的一些舞蹈中，不同手势表达不同的意思，如五指并拢伸直表示"胜利"；五指攥成拳头表示"不满""愤怒"；四指并拢，拇指弯向掌心，表示"惊奇""忧伤"。

按照柬埔寨习俗，一般是男士"嫁"到女方家，婚后丈夫多随妻定居，类似中国的入赘。婚礼的全部仪式都在女方家中进行。婚礼由村中最有声望的老者主持。

爱好与禁忌

柬埔寨人以米饭为主食，喜欢吃辛辣食物，如辣椒、葱、姜、蒜，还喜欢吃生菜和腌鱼等。他们进餐时多用筷子或刀叉，一些农村地区还保留着手抓饭或盘腿席地就餐的习惯。

柬埔寨人忌讳白色，认为白色是死亡的象征，忌穿白色裤子和纱笼。

柬埔寨人忌讳别人触摸头部，小孩子也不例外。他们认为头是人的神圣部位。

他们认为左手是不洁的，用左手拿东西或食物是不懂礼貌的表现。

他们把星期六视为鬼魂妖魔喜欢的日子，是不吉利的。

他们忌讳孔雀或其形象的图案等。

柬埔寨人一般有"过午不食、尊重鸟兽"的习俗。他们不肯杀生，不多食动物肉。柬埔寨的僧侣必须遵守"十戒"，即"不杀生，不偷盗，不淫，不妄语，不饮酒，不非时食，不歌舞视听，不涂饰香鬘，不坐高广大床，不蓄金、银、财宝"。

 **教育简况**

柬埔寨自1863年开始被法国殖民统治近一个世纪，教育体系与制度深受法国影响；20世纪70至90年代，受到毛泽东教育思想和苏联教育制度的广泛影响。20世纪90年代后期开始，柬埔寨的教育发展得到联合国教科文组织等国际组织和国际社会的援助与支持。

当前，柬埔寨实行9年制义务教育。教育体制包括小学阶段（1—6年级）、初中阶段（7—9年级）、高中阶段（10—12年级）、大学及职业教育阶段。

柬埔寨著名的大学有金边皇家大学、国家管理大学、金边皇家艺术学院和国家经济法律大学等。

越南社会主义共和国

基本概况

越南社会主义共和国（Socialist Republic of Vietnam），简称"越南"（Vietnam）。越南位于中南半岛东部，北与中国广西、云南接壤，西与老挝、柬埔寨交界，东、南临海。1945年"八月革命"以后，胡志明宣布成立越南民主共和国，1976年改名越南社会主义共和国。政治体制为人民代表大会制度。首都为河内（Ha Noi），曾为越南封建王朝的京城，被誉为"千年文物之地"。

越南地处北回归线以南，全年高温多雨，属热带季风气候。年平均气温24℃左右，年平均降水量为1500—2000毫米。北方分春、夏、秋、冬四季；南方雨旱两季分明，大部分地区5—10月为雨季，11月至次年4月为旱季。

越南国土面积约为32.96万平方千米，境内3/4面积为山地和高原，主要河流为北部的红河和南部的湄公河。全国人口数量约为9649万（2018年），城市人口约占33%，农村人口约占67%。越南是一个多民族国家，政府认定的民族有54个。各民族都有自己的语言、生活方式以及文化遗产，其中京族为主体民族，占总人口80%以上。官方语言为越语，主要宗教有佛教、天主教、高台教等。

经济简介

越南是一个发展中国家，经济以农业为主，粮食作物包括稻米、玉米、马铃薯、番薯和木薯等，经济作物主要有咖啡、橡胶、腰果、茶叶、花生、蚕丝等。矿产资源丰富，种类多样；森林、水文和近海渔业资源丰富。主要工业部门有煤炭、电力、冶金、纺织等。越南旅游资源丰富，有5处风景名胜被联合国教科文组织列为世界文化和自然遗产。近年来旅游业增长迅速，经济效益显著。主要旅游城市有河内、胡志明市、广宁省的下龙湾、古都顺化、芽庄、藩切、头顿等，其中美奈是大多数风筝冲浪者的旅游天堂。

越南主要出口商品有原油、服装纺织品、水产品、鞋类、大米、木材、电子产品、咖啡；主要进口商品有汽车、机械设备及零件、成品油、钢材、纺织原料、电子产品和零件。主要贸易对象为中国、美国、欧盟成员国、东盟成员国、日本、韩国等国。

越南货币为越南盾（Vietnam Dong）。

 **商务交际**

越南人见面主要是通过打招呼或点头致意的方式问候对方。对长辈称大爹、大妈或伯伯、叔叔，对平辈称兄、姐，对儿童称小弟、小妹，对群众称乡亲们、父老们、同胞们（只在本国人之间用）。在国家机关、工作单位和部队里，一般称同志。

见面时，一般行握手礼，通常不使用拥抱、接吻的方式。

在与越南人建立关系之前，会发现越南人有些保守和正式，尤其是在双方联系的初期，所以要尽可能地采取面对面的会见方式，不要通过信件、传真和电话方式进行。

在越南结交商业伙伴时，可以请银行、咨询师、法律公司、货运承揽人或者自己国家的大使馆帮忙引荐。

在正式场合，男士应穿深色西服，系上领带；女士可穿保守的正式服装、裙子或衬衫。

进行商务会谈时，宜用双手接过对方递过来的名片，仔细看完后，把名片收到名片夹中或放在桌子上。宜用右手或者双手递上自己的名片。

越来越多的越南谈判者讲英语，尤其是在越南南部。如果需要聘请一位翻译，那么可请一个自己本国通晓外语的人，不要依赖越南合作者提供的翻译。

越南人待客热情，每逢家里来客，总会拿出最好的酒和食物来待客。客人吃得越多，主人就越高兴。客人辞行时，主人还会拿出当地特产赠予客人。

传统上，越南人有席地而坐的习俗。他们认为贴近土地有很多好处，可以除去人身上的一些疾病。

由于受中国传统和文化的影响，越南的文化习俗与中国相似。民间传统节日主要有春节、清明节、端午节、中秋节、盘古节和送灶王节等。夏历正月初一为春节，是越南民间最盛大的节日。按照越南的传统习俗，从腊月二十三日的送灶王节开始，就算进入春节了，届时各家女主人都要赶制新衣，连日准备年货，还要清扫房屋。除夕晚上，全家吃团圆饭（主要吃用苇叶包的糯米粽子），燃放鞭炮。越南人的清明节、端午节、中秋节习俗与中国相似，其中中秋节以儿童活动为主，所以中秋节又叫儿童节。

送礼时，可以选择价格昂贵的白兰地或者威士忌，也可以是送礼人本国的特产，需要用双手递给他们。越南人一般不会当面打开接收的礼物。如果别人送您礼物，请用双手接过礼物并微笑表示感谢，注意要等对方离开后再打开。

越南人把公开表示愤怒、急躁等情绪视为粗鲁的行为。他们认为在压力下不能保持平静的人不值得被尊重。冲突会破坏融洽的气氛，并导致双方丢面子。越南人讲话较委婉。

越南的傣族人，每遇大事必祭鬼神。傣族人每家每户无论是婚丧娶嫁、土木动工，还是遇灾患病、迎宾送友，总要宰杀牛、猪、鸡来举行祭祀鬼神的仪式。凡是已备作祭祀用的禽畜，不能再进行买卖，必须精心饲养，以待祭用。

爱好与禁忌

越南临近中国，华人较多，广东菜馆较多，饮食受广东人口味影响较深。越南人以大米为主食，喜欢喝中国茶和咖啡，喜欢吃鱼、虾、鲍鱼、海参、鱼翅、瘦肉和鸡等。越南人吃饭用筷子，喜欢生冷酸辣的食物，肉类有猪、牛肉和鱼，尤其喜欢用鲜鱼加工成的"鱼露"。"鱼露"是京族日常生活中不可缺少的调料。农村的京族、傣族等民族和城镇的部分居民有嚼槟榔果的嗜好。

越南人不希望与他人有较多的身体接触，因此不要抓他们的胳膊或拍他们的背。南部高棉人忌用左手行礼、进食、送物和接物。

到越南人家中做客时，席地而坐时不能用脚对着人，不能从坐卧的人身上跨过去。

不要随意摸越南人的头部，包括小孩。

当村寨路口悬挂有绿色树枝叶时，是禁入的标志，外人不得进入。

越南人忌讳三人合影，不能用一根火柴或打火机连续给三个人点烟。他们认为这样做不吉利。

教育简况

越南现有教育体系较为完善，包括学前教育、基础教育和大学教育三个阶段。2000年越南宣布完成扫盲工作，2001年开始普及9年制义务教育。

20世纪80年代初，越南开始实行新的教育制度：学前教育招收3—6岁儿童，义务（基础）教育9年（6—15岁），中等教育3年（15—17岁），高等教育4年。其中基础教育分两个阶段，第一阶段是1至5年级，第二阶段是6至9年级。学生第一阶段结业不考试，直接升入第二阶段学习，9年级结业领取毕业证书。其中仅三分之一的学生能通过中等学校入学考试而升学，余者或就业或接受非正规教育。中等学校毕业获得中学证书者可报考高等学校。越南法律规定，儿童入小学必须满6岁。

越南著名的大学有河内国家大学、百科大学和胡志明市国家大学等。

文莱达鲁萨兰国

 **基本概况**

文莱达鲁萨兰国（Negara Brunei Darussalam），简称"文莱"（Brunei）。Negara是马来文，意为"国家"；Brunei一词源于梵文，意为"航海者"，马来人理解为海上商人；Darussalam是阿拉伯语，英文译为"Abode of Peace"，意为"和平之邦"。全名之义应是"生活在和平之邦的海上贸易者"。文莱位于亚洲东南部，加里曼丹岛西北部，北濒南中国海，东、南、西三面与马来西亚的砂捞越州接壤，并被砂捞越州的林梦分隔为不相连的东西两部分。政治体制为君主专制政体，首都为斯里巴加湾市（Bandar Seri Begawan）。

文莱属热带雨林气候，全年高温多雨，年平均气温为28°C。最高山峰是巴贡山，海拔1841米。四大河流为文莱河、都东河、马来奕河和淡布隆河，其中文莱河、淡布隆河交汇入文莱湾，最终汇入南中国海。

文莱国土面积约为5765平方千米。全国人口数量约为42.26万（2016年）。其中马来人约占65.7%，华人约占10.3%，其他种族约占24%。马来语为文莱国语，通用英语，华语使用较广泛。伊斯兰教为国教，其他还有佛教、基督教、道教等。

经济简介

文莱是东南亚主要产油国和世界主要液化天然气生产国，工业以石油和天然气开采与生产为主。在东南亚，文莱的石油储量和产量仅次于印度尼西亚。文莱农业基础薄弱。近几年来，文莱政府采取多项鼓励措施吸引游客赴文莱旅游，主要景点有水村、王室陈列馆、清真寺、淡布隆国家森林公园等。游客主要来自马来西亚、中国、菲律宾、印度尼西亚、新加坡等国。

文莱主要出口原油、石油产品和液化天然气，进口机器和运输设备、工业品、食物、药品等。主要贸易伙伴为日本、韩国、马来西亚、泰国和新加坡等国。

文莱货币为文莱元（Brunei Dollar），又称文莱林吉特（Brunei Ringgit）。

 **商务交际**

文莱人在称呼上喜欢用尊称，苏丹和苏丹王后称陛下（当面称 Your Majesty，非当面称 His Majesty 或 Her Majesty）；苏丹王妃、亲王、亲王妃、王子、王子妃、公主称殿下（当面称 Your Royal Highness，非当面称 His Royal Highness 或 Her Royal Highness）；其他王室成员及王室血亲称本基兰（Pengiran），有封号或勋衔的则称其封号或勋衔，主要有丕显（Pehin）、拿督（Dato），夫人均称拿汀（Datin）等。

见面时，文莱人一般都施握手礼，通常把手收回到胸前轻触一下，以示真诚；文莱的年轻人见到老人后，要把双手朝胸前作抱状，身体朝前弯下和鞠躬；从有身份的人或长辈面前经过时，手应下垂并贴着身体，侧身轻步走过。文莱的马来人一般不愿与异性他族人握手，也不主动与异性的马来人握手。

文莱人一般不大声说话，在公共场合也不喧哗吵闹。骂人、训斥别人都被认为是粗俗、没有教养的表现。

在正式场合，不要跷二郎腿或两脚交叉，不要随意打听隐私，如个人情感、工资收入等。在指人或物时，不能用食指，而要把四指并拢轻握成拳，大拇指紧贴在食指上。招呼人或出租车时也不能用食指，要挥动整个手掌。

文莱的马来人注重待人接物的礼节，待人态度谦逊，说话极为和气。家里如有来客，不论认识与否，只要对方向自己请安问好，都要笑脸相迎并给予热情的款待。客人来了一般不问对方想吃点什么，而是把家里的美食全部拿出来。对方如果不吃，不可勉强；吃了以后不能问对方是否喜欢。客人告辞时，还要向客人表示感谢，并邀请他们下次再来。

文莱人注意衣着干净整齐，忌穿黄色衣服，因为黄色在文莱和中国古代一样是帝王的象征。文莱人邀请他人参加重大活动时，一般会在请帖上写明不能穿黄色衣服。女士着装相对保守，一般不穿坦胸、露背、透明、紧身的衣服，尤其不能把大腿暴露在外。文莱女士一般穿上下花色图案相同的长衫套裙，上衣长至膝盖以下，裙子盖过脚面。多数女士在公共场合还会包头巾。

文莱是个政教合一的国家，伊斯兰化程度很高，伊斯兰教规几乎成了文莱人的生活准则。参观清真寺或到马来人家中做客时，进门前要脱鞋以示尊重和清洁，不要从正在做祷告的教徒面前走过，非穆斯林不能踩清真寺内祷告用的地毯。

爱好与禁忌

文莱人不喜欢别人触摸其头部。

注意不能用食指指人指物，而要把四指并拢轻握成拳，大拇指紧贴在食指上。

左手被认为不洁，接送物品时应用右手。

赠送给马来人的礼物和纪念品应避免有人物和动物图案。

公共场所（包括餐厅）不可饮酒，也不可向穆斯林提供、推荐、售卖酒精饮料。

文莱境内所有封闭公共场所全面禁烟，在商业场所附近的人行道、禁烟建筑之外6米区域、公共交通、酒店房间内也不准吸烟。

多数文莱人信奉伊斯兰教。与文莱人打交道时，应特别注意尊重穆斯林的习俗。按照《古兰经》的训诫，穆斯林每天要礼拜5次。即破晓时的"晨礼"、中午的"晌礼"、下午的"晡礼"、日落时的"昏礼"、入夜后的"宵礼"。每星期五必须到清真寺参加聚礼和祈祷。受宗教的严格约束，文莱人禁酒、禁食猪肉，不吃自然死亡动物的肉和血液。他们对吸烟、浪费粮食、偷懒、破坏社会公德等不良行为也很反对。文莱人斋月期间，成年穆斯林均须斋戒。"破戒"者会遭人唾弃，重者要由宗教法庭审判。斋月期间必斋戒，"破戒"就要受惩罚。

教育简况

文莱的教育制度受英国影响较大，基本同英国的教学大纲一致，采用文莱—剑桥通用教育证书（BC-GCE：Brunei-Cambridge General of Education）作为学生接受高中教育和大学教育的标准。2009年，文莱引入了面向21世纪的教育体系（SPN21），为学生提供多种选择，以便他们掌握更为广泛的知识和技能。

文莱保障每个公民享受至少12年的教育，即学前教育1年、小学教育6年和中学教育5年。其中，小学毕业时需参加小学评估考试。通过考试的学生可进入中学学习，未通过的学生可参加来年考试。中学分为初中和高中两个阶段，学生可自行选择4年计划或5年计划。大专学制两年半，本科学制4年，研究生2年。文莱实行免费教育，并资助留学费用。英文和华文私立学校资金自筹。

文莱达鲁萨兰大学是文莱唯一的大学，也是文莱高等教育和科学研究中心。

菲律宾共和国

 **基本概况**

菲律宾共和国（Republic of the Philippines），简称"菲律宾"（Philippines），位于亚洲东南部，是一个多民族群岛国家。菲律宾北隔巴士海峡与中国台湾省遥遥相望，南部和西南隔苏拉威西海、巴拉巴克海峡与印度尼西亚、马来西亚相望，西濒南中国海，东临太平洋。政治体制为总统共和制。首都为大马尼拉市（Metro Manila）。

菲律宾属季风型热带雨林气候，高温多雨，湿度大，年均气温27 ℃，年降水量2000—3000毫米。群岛西部有旱季（11月至次年4月）和雨季（5—10月）之分，东部海岸终年有雨，并以冬雨最多。南部地区也终年多雨，无明显旱、雨季之分。东部的太平洋面是台风发源地，每年6—11月多台风。

菲律宾国土面积约为29.97万平方千米，共有大小岛屿7000多个。全国人口数量约1.06亿（2018年），马来族占全国人口的85%以上，包括他加禄人、伊洛戈人、邦班牙人、维萨亚人和比科尔人等；少数民族及外来移民后裔有华人、阿拉伯人、印度人、西班牙人和美国人；还有为数不多的原住民。菲律宾有70多种语言，国语是以他加禄语为基础的菲律宾语，英语为官方语言。国民约85%信奉天主教，约4.9%信奉伊斯兰教，少数人信奉独立教会和基督教新教，华人多信奉佛教，原住民多信奉原始宗教。

经济简介

菲律宾矿产资源丰富，主要有铜、金、银、铁、铬、镍等。水产资源种类多样，鱼类品种达2400余种，金枪鱼资源居世界前列。农业较为发达，主要出产大米、椰子、玉米、甘蔗、香蕉、菠萝、芒果、猪肉、鸡蛋和牛肉等农产品。菲律宾的四大经济作物为椰子、甘蔗、马尼拉麻和烟草，其中椰子产量和出口量均占全世界总产量和出口量的六成以上。森林覆盖率约达53%，有乌木、檀木等名贵木材。菲律宾工业以农、林产品的加工为主，另有一些纺织、水泥、汽车装配等工业。旅游业是菲律宾外汇收入的重要来源，主要旅游景点有百胜滩、蓝色港湾、碧瑶市、马荣火山、伊富高省原始梯田等。

菲律宾主要出口产品为电子产品、服装及相关产品、电解铜等；主要进口产品为电子产品、矿产、交通及工业设备。主要贸易伙伴有美国、日本和中国等国。

菲律宾货币为菲律宾比索（Philippine Peso）。

商务交际

菲律宾人的名字通常是教名在先，紧着是母姓首字，然后是父姓。菲律宾人惯用尊称，如遇教授、博士、医生、律师、工程师等人，称呼时应加上他们的头衔。

菲律宾人与客人相见，一般行握手礼，男性之间有时也通过拍肩膀的方式打招呼。和菲律宾穆斯林握手时，一般要紧握双手，表示亲如兄弟。

在正式场合，菲律宾男士一般穿西服。

在菲律宾的城市，盛行"女士优先"的风气。男士无论做什么事，习惯给予女士特殊的关照。但在农村，女士的地位相对低一些。

菲律宾人大多喜欢美国人的生活方式，家庭观念较强，喜欢谈论和赞美他们的家庭。交谈时应回避政治、宗教、腐败现象以及外援等话题。他们还看重个人尊严和家庭荣誉，忌嘲笑政治人物或家庭。

如果出席商业活动，菲律宾人一般比较准时，与之洽谈时应做到准时赴约。菲律宾的通用语言包括英语，因此出示的名片可以是英语的，不必刻意翻译成菲律宾语。如果菲律宾人出示的名片上留有住宅的电话号码，意味着您可以主动和他联系。

与菲律宾人做生意，可以在办公室以外的地方谈合作。商业洽谈成功后，可以请菲律宾客户一同进餐，发出邀请的人通常要买单。若发出邀请的人为女士，菲律宾男士一般会坚持买单。

跟菲律宾男士交往时，您若是面无表情或一言不发，有可能会被认为不怀好意，或是不愿意跟他们打交道。站立时若双臂交叉于身前，会被认为是在生气。把手掌放在臀部或是长时间用眼光直视别人，会被理解为挑衅。

菲律宾人喜欢礼尚往来，可以在他们生日或是重大节日时，送给他们鲜花或是酒、巧克力、工艺品、糖果等。接受他人礼物时，菲律宾人通常不会当场打开。

菲律宾不同民族的婚姻习俗各有差异。多数菲律宾人自由恋爱后结婚，结婚仪式一般在教堂中举行。穆斯林的婚姻则多由父母决定，男方须通过媒人向女方家庭求婚，并交付聘金；婚礼仪式由伊斯兰阿訇主持，仪式后会举行盛大宴会款待客人。

爱好与禁忌

菲律宾尊茉莉花为国花，视其为纯洁和友谊的象征。菲律宾人在迎接贵客时，往往把茉莉花串成花环，敬献给客人挂在脖子上，以示他们对来访客人的尊重及友谊。

菲律宾人喜欢黄色和白色，多数人不喜欢红色与茶色，将红色和茶色视为不祥之色。

菲律宾人不太喜欢数字13和星期五，如果13号刚好是星期五，一般会选择将宴请、聚会等活动改期。

进入教堂时，禁止穿着短裤、无袖或是颜色过分艳丽的服装。不允许在公共场合裸露身体。

教育简况

菲律宾于1946年独立后，教育事业得到较快发展。20世纪70年代以后，菲律宾政府贯彻教育与生产劳动相结合的方针，在初、中级教学中加强劳动生产教育、实用工艺和职业教育，高等教育的重点逐渐转向工程技术等应用学科方面。菲律宾的政府重视教育，鼓励私人办学，为私立学校提供长期低息贷款，并免征财产税。目前，菲律宾的初、中等教育以政府办学为主。

菲律宾教育目前实施"64制"，即小学6年、中学4年。大学年限视专业有所区别，修硕士学位课程一般为2年，博士学位课程为2至3年。菲律宾小学有公立、私立两种。菲律宾的宪法规定中小学实行义务教育。

菲律宾主要的大学有菲律宾大学、棉兰老国立大学、圣托马斯大学、远东大学等。

伊朗伊斯兰共和国

 **基本概况**

　　伊朗伊斯兰共和国（The Islamic Republic of Iran），简称"伊朗"（Iran）。伊朗位于亚洲西南部，西面是土耳其、伊拉克，东面是巴基斯坦和阿富汗，南濒波斯湾和阿曼湾，北隔里海与俄罗斯和哈萨克斯坦相望，素有"欧亚陆桥"和"东西方空中走廊"之称。政治体制为总统共和制。首都为德黑兰（Tehran）。

　　伊朗是高原国家，海拔一般在900—1500米之间。境内多高原，东部为盆地和沙漠。里海是世界上最大的咸水湖，南岸属伊朗。伊朗东部和内地属大陆性的亚热带草原和沙漠气候，干燥少雨，寒暑变化大。西部山区多属地中海气候，年平均降水量500毫米以上。里海沿岸温和湿润，年平均降水量1000毫米以上。中央高原年平均降水量在100毫米以下。

　　伊朗国土面积约为164.8万平方千米，全国人口数量约为8201万（2018年）。其中波斯人约占66%，阿塞拜疆人约占25%，库尔德人约占5%，其余为阿拉伯人、土库曼人等少数民族。伊斯兰教为国教。约98.8%的居民信奉伊斯兰教。官方语言为波斯语，土耳其语、阿拉伯语也比较流行。

经济简介

　　伊朗盛产石油。石油产业是伊朗的经济支柱和外汇收入的主要来源之一，占伊朗外汇总收入的一半以上。天然气和煤炭蕴藏也十分丰富，其他矿物资源还包括铁、铜、锌、铬、金等。伊朗工业以石油开采业为主，还包括炼油、钢铁、电力、纺织、汽车制造、机械制造、食品加工、建材、地毯、家用电器、化工、冶金、造纸、水泥和制糖等，基础相对薄弱，大部分工业原材料和零配件依赖进口。农业种植的粮食基本实现自给自足。伊朗拥有数千年文明史，自然地理和古代文明遗产丰富。旅游业发展较快，主要旅游地区有德黑兰、伊斯法罕、设拉子、亚兹德、克尔曼、马什哈德等。

　　伊朗主要出口商品为油气、金属矿石、皮革、地毯、水果、干果及鱼子酱等；主要进口产品有粮油食品、药品、运输工具、机械设备、牲畜、化工原料、饮料及烟草等。

伊朗的货币为伊朗里亚尔（Riyal）。

商务交际

伊朗人一般要用"先生""夫人""小姐"等称呼对方，以示礼貌。

在伊朗，异性见面时不能握手。一般情况下，男士不能主动跟女士握手。如女士主动伸出手，男士应礼貌回应。

伊朗的一些公交车会中间隔开，男、女乘客分门上下车。

在伊朗，应随身携带印有波斯文和英文的名片。伊朗商人好礼而讲究，打交道以正式而保守的方式进行。伊朗人以其悠久的历史和文化为骄傲，在交谈过程中可多谈论有关中国与波斯商贾往来的话题。

与伊朗人交谈时，应保持一定距离。初次接触时不要谈论伊朗的政治或对方的经历、家庭情况等话题。

接受别人递过来的茶时，一般用双手接过比较礼貌。伊朗是伊斯兰国家，应用右手递接物品，一般不用左手。

与伊朗人进行商务洽谈，须提前预约，贸然到访属于不礼貌的行为，甚至会被拒绝见面。伊朗人的时间观念强，习惯准时赴约，尤其商务活动。拜访商界、政府部门，务必注意遵守时间。

应伊朗人邀请赴宴时，可带盆景、鲜花或糖果。伊朗人接受邀请时，以往会经过再三推辞后再接受。但随着社会的发展，现在的伊朗人在接受邀请时会比较干脆。接待来访的穆斯林客人一定要安排清真席。

伊朗人不喜欢与外国人有身体上的亲密接触，因此不要与伊朗人横挎胳膊，合影时也不宜挎胳膊。一般不竖大拇指，说话时用食指指向别人是不礼貌的行为。

伊朗的伊斯兰宗教色彩非常浓厚，女士出门须从头到脚披上一种黑色长袍或是风衣，严禁露出头发和脚，外国来访女士也不例外。女性（学前儿童除外）须戴头巾，穿长袖、宽松、不透明的上衣或风衣，官方场合须穿颜色较深的长风衣，不得显露腿及脚裸部位。

按伊斯兰教规，新郎和新娘必须分两地举行婚礼，男宾只见新郎，女宾只见新娘，双方不能见面。

爱好与禁忌

伊朗人的饮食习俗明显受宗教信仰的影响，带有强烈的民族色彩，饮食注重吉祥寓意。如喜吃苹果蜜饯，表示生活甜甜蜜蜜；吃石榴，表示像石榴粒一样多福；吃鱼，表示像鱼一样活跃。更有趣的是，他们将糕点制作成各种形状，各有寓意：梯形的象征步步高升，鸟形的意味着像鸟翅覆雏一样和乐安康。宗教节日时忌吃异味食物，如蒜、葱和苦的食物，因为他们认为这是不吉利的。

伊朗人在饮食习惯上以烧烤为主，禁酒，禁食猪肉。穆斯林斋月期间，即使非穆斯林也不能白天（日出前至日落后）在公开场合吃东西、喝水或吸烟。

不要用手去触摸小孩子的头部。

大多数伊朗人喜欢数字7，不喜欢数字13。伊朗不允许赌博、卖淫等行为，女士不得从事唱歌、跳舞等演艺类职业。

玫瑰花是伊朗人最喜爱的鲜花，也是伊朗的国花，被视为圣洁之物，是完美幸福和纯真爱情的象征。伊朗人对金鱼有很深的感情，认为金鱼是一种美丽而又吉祥的观赏物。他们也特别喜欢狮子，认为狮子有神圣和吉祥的寓意。

教育简况

伊朗历来重视教育的发展。伊朗现代教育主要分为三个阶段：起步阶段（恺伽王朝时期），以伊斯兰式的传统教育为主；现代化教育体制正式建立时期（巴列维时期），西方化与民族化两种思想共存；全面改革时期（伊斯兰共和国时期），推行伊斯兰化教育。伊朗在政治制度、经济制度、社会生活伊斯兰化的同时，对教育也进行了伊斯兰化，以伊斯兰价值观作为指导思想对学生进行教育。

伊朗实行中、小学免费教育。小学学制6年，入学年龄为6岁；中学阶段分为初中3年和高中3年，其中小学阶段和初中阶段的教育被称为通识教育。高中分为3类：普通高中（理论类）、职业技术类以及工作兼学习类。中学毕业后，依据学生初中阶段考试的成绩作为录取依据。高中毕业后，完成为期一学年的大学预科课程，通过入学考试可以进入大学学习。伊朗高等教育体系由综合性和专业性大学以及科技大学构成，提供大专（副学士学位）至博士阶段教育。

伊朗著名的大学有德黑兰大学、设拉尔大学、伊朗国立大学等。

伊拉克共和国

🔷 基本概况

伊拉克共和国（Republic of Iraq），简称"伊拉克"（Iraq）。伊拉克位于亚洲西南部，阿拉伯半岛东北部，北接土耳其，东邻伊朗，西接约旦，西北是叙利亚，南连沙特阿拉伯、科威特，东南濒临阿拉伯海湾。伊拉克所在的地区在历史上曾被称为"美索不达米亚"，是人类文明的主要发源地之一。政治体制为议会共和制。首都为巴格达（Bagdad 或 Baghdad）。

幼发拉底河和底格里斯河自西北向东南贯穿伊拉克全境，两河在库尔纳汇合为夏台阿拉伯河，注入波斯湾。伊拉克东北部山区属地中海气候，其他地区为热带沙漠气候。夏季最高气温达50℃以上，冬季在0℃左右。雨量较小，年平均降水量由南至北100—500毫米，北部山区达700毫米。

伊拉克国土面积约为43.71万平方千米，全国人口数量约为3720.3万（2016年），其中阿拉伯人约占78%，官方语言为阿拉伯语，北部库尔德地区的官方语言是库尔德语。伊斯兰教为国教，全国95%以上的人信奉伊斯兰教，只有少数人信奉基督教或犹太教。

🔷 经济简介

伊拉克地理条件得天独厚，石油、天然气资源十分丰富。石油工业是伊拉克的经济支柱，原油储量排名世界第四，仅次于委内瑞拉、沙特阿拉伯和伊朗。伊拉克的工业以石油业为主，此外还包括纺织、食品、烟草、水泥等工业。农产品主要有小麦、黑麦、大麦、稻米、棉花、烟草、温带水果和椰枣等。畜牧业主要集中在东北部地区，养殖牛、羊、驴、马等。伊拉克著名的旅游景点有乌尔城遗址、亚述帝国遗迹、哈特尔城遗址（也称"太阳城遗址"）、巴比伦、塞琉西亚、尼尼微等。

伊拉克主要出口石油、天然气、椰枣、化肥等，其中椰枣输出量居世界首位。多数生产资料、粮食等生活用品依赖进口。主要贸易伙伴为土耳其、美国、约旦、叙利亚等国。

伊拉克货币为伊拉克第纳尔（Iraqi Dinar）。

 **商务交际**

伊拉克人喜欢在打招呼时互相拥抱。与亲朋好友见面时，男士习惯拥抱，把脸贴在一起然后各自俯首，嘴里说着祝愿的话。与客人告别时一般都要施贴脸礼。女士之间施贴脸礼吻别时，感情表现丰富，吻得真挚热烈，并发出"吧吧"的声音，认为这样才能显示出互相之间的尊重和爱戴。

在伊拉克进行商务会面，初次相见应递上名片，名片上最好印有阿拉伯文和英文。进行商务活动时，不要花太多时间闲谈，不要谈论宗教和中东话题。安排访问时应避开穆斯林的斋月。当地星期五为周末，不宜前去商谈或拜访。

伊拉克商人往往在咖啡馆里谈生意，不可以将有星星图案的物品作为礼物送给他们。

伊拉克人认为会客赴宴后不及时洗手告辞，在饭店拖延或迟迟不走，是贪吃和不礼貌的表现。

在伊拉克，人们喜欢通过眼神交流感情，与人交谈时如果目光旁视，会被认为是侮辱人的行为。同时，伊拉克人微笑和点头不一定表示同意，有时只是主人礼貌的表示。如果看到男士之间手拉手走路不要觉得奇怪，因为这是一种表示友好和敬意的举止。

伊拉克对橙、绿、黑三种色彩的运用，含有特殊意义，即客运行业用橙色代表，警车用绿色作代表，丧事用黑色作代表。

爱好与禁忌

伊拉克人爱吃椰枣，还喜欢把枣和酸奶、羊奶混在一起食用。他们习惯食用熟透的佳肴，略有生味就不吃。在首都巴格达，人们喜欢吃烤鲜鱼，食用时常常调以西红柿沙拉、辣椒等。他们忌讳左手传递东西或食物。

伊拉克男士有"蓄须为美"的习俗，凡是成年男士都蓄胡须。

伊拉克人偏爱玫瑰花，并视其为国花。

 **教育简况**

　　早在公元8世纪至13世纪，巴格达便是西亚和阿拉伯世界的政治经济中心和文人学士荟萃之地。但海湾战争后，伊拉克教育经费不足，师资匮乏，人民生活困难，适龄儿童和青年入学率大幅下降，教育严重滑坡。

　　伊拉克的教育体系包括两个部门：一是教育部，主管幼儿园、小学和中学的学生事务；二是高等教育和科学研究部，主管本科生、硕士生和博士生阶段的事务。目前伊拉克政府大力发展教育，资助除私立大学以外的所有教育机构。

　　伊拉克的初等教育从6岁开始，学制3年。中等教育包括初中阶段和高中阶段，学制各3年。高等教育分为5个专业，即科学、文学、工业、农业和贸易。

　　2015年，在联合国教科文组织和欧盟的协助下，伊拉克开始建构自己的国家资格框架，给学生提供多项教育选择的机会。

　　伊拉克著名的大学有巴格达大学、巴士拉大学、摩苏尔大学等。

土耳其共和国

 **基本概况**

  土耳其共和国（The Republic of Turkey），简称"土耳其"（Turkey）。土耳其横跨欧、亚两洲，位于地中海和黑海之间，东接伊朗，东北临格鲁吉亚、亚美尼亚和阿塞拜疆，东南与叙利亚、伊拉克接壤，西北和保加利亚、希腊毗连，北濒黑海，西与西南隔地中海与塞浦路斯相望。土耳其的地理位置和地缘政治战略意义极为重要，是连接欧亚的十字路口。政治体制为总统共和制。首都为安卡拉（Ankara）。

  土耳其地形东高西低，大部分为高原和山地，仅沿海有狭长平原。沿海地区属亚热带地中海气候，内陆高原从热带草原气候向沙漠型气候过渡。黑海沿岸年平均降水量为700—2500毫米，地中海沿岸为500—700毫米，内陆为250—400毫米。

  土耳其国土面积约为78.36万平方千米，全国人口数量约为8191万（2018年）。其中，土耳其族约占80%以上，此外还有库尔德、亚美尼亚、阿拉伯和希腊等族。土耳其绝大多数的居民信奉伊斯兰教。土耳其语为国语。

经济简介

  土耳其自然资源丰富，境内蕴藏多种金属、稀有金属和非金属矿脉，如铁、铜、铝、镁、铬、金、银、铅、汞、硼、石墨、煤、硫、金刚砂、天然碱、大理石、海泡石等，其中硼、天然石和大理石储量居世界前列。石油、天然气资源匮乏，水资源短缺。土耳其耕地面积较少，农作物主要有小麦、燕麦、大麦和甜菜等。工业主要有纺织、食品、水泥、烟草、船舶修理等。此外，渔业、畜牧业、园艺业也比较发达。旅游业发达，主要以考古与历史遗迹探访，以及爱琴海与地中海沿岸的海边休闲度假模式为主。主要旅游城市有伊斯坦布尔、伊兹密尔、安塔利亚、布尔萨等。主要风景名胜有特洛伊、埃菲斯等古城遗址和卡帕多西亚、棉花堡等。

土耳其主要进口商品为原油、天然气、化工产品、机械设备、钢铁等；主要出口产品为农产品、食品、纺织品、服装、金属产品、车辆及零配件等。近年来，钢铁、汽车、家电及机械产品等逐步进入国际市场。

土耳其货币为新土耳其里拉（New Turkeish Lira）。

商务交际

土耳其人非常好客，见面要亲脸颊，而且不停问好。土耳其人见面、告别时都要行握手礼，与女士也可以行握手礼。称呼土耳其人，一般是姓后加"先生""夫人""小姐"，面对熟悉的人可直呼其名。如果对方有学衔或职称，可称呼他为"某某博士""某某教授"等。

在土耳其进行商务活动时，男士应该穿西装或者夹克，打领带。天气炎热时，穿长袖白衬衫，打领带。女士应该穿套装或者保守的盖过脚踝的礼服，戴头巾。参观清真寺时，女士要罩住自己的头。即使在非正式场合，男女都不提倡穿短裤。

拜访他人时，尽量提前预约，并做到准时赴约。不论到士耳其哪个城市，需要事先订好房间，并在临行前再确定一次，以免带来不便。同土耳其商人第一次会面时，最好安排一名翻译随行，便于更有利的沟通。

不管是在商业场合还是社交场合，每次和土耳其人握手时都要适当用力。握手时要注意顺序，应先与年长者握手，除此之外不宜有其他身体接触。

商业谈判前，土耳其人会奉上一杯味道苦涩的土耳其茶。商界招待午餐、晚宴往往十分豪华，菜肴丰富，耗时长久。

土耳其商人擅长商业洽谈。商界人士多数通晓法、英、德等语言。土耳其的一小部分土地在东欧，一些土耳其商人喜欢说自己是"欧洲人"，而不是"中东人"。在谈话中，忌谈该地政治、土耳其与希腊的纷争等问题。土耳其人喜欢谈论无非议的国际问题、家庭、职业以及业余喜好。

找到合适的合作伙伴的一个方法，就是参加伊斯坦布尔或者其他地方举行的贸易洽谈会。或者参加由政府、商会、行业协会组织的官方贸易代表团活动。

到土耳其做生意的外国商务女士很少遇到障碍。受过教育并处于领导职位的土耳其女士并不鲜见。但在商务场合之外，女士一般不与男士讲话，除非被正式介绍。

和中东的商业文化不同，土耳其人开会相对比较准时。他们希望访问者也能准时，晚餐聚会也会准时开始。

土耳其文化以关系为向导。与年长的土耳其伙伴谈判时，进入正式的商务话题之前，应该与其进行交谈，同时还需要使用一定量的礼貌衔接用语。开始讨论商务之前，最好多了解一下合作者。

在商务会议中，要保持较好的眼神接触，注视对方能显示出您的兴趣和诚意。和大多数地中海文化的国家一样，土耳其人在站着或者坐着的时候，相互之间的距离比欧美人、北美人和中东人习惯上的距离要近。

双腿交叉而坐的时候，露出鞋底朝着别人，是不礼貌行为。所以开会时，应保持双脚都在地板上。会见年纪较大的土耳其人时，不要用左手接触他或者接递东西。和别人面对面谈话时，站的时候把手放在臀部或者双臂交叉都属于不礼貌的行为。将拇指放在食指和中指之间，在土耳其也是个隐晦的手势，其含义就如同在世界上其他国家竖中指一样。

土耳其商务人士善于谈判，因此在最初开价时要留有足够的余地，为谈判过程留出议价空间。和其他中东国家一样，与土耳其人谈判通常很费时间。如果想通过督促或者施加压力来加速谈判进程，很有可能会起到相反的效果。一般来说，在政府或者公共部门谈判所需要的时间，会比和私人公司谈判的时间长，因为在土耳其谈判结果通常是由高层来决定。

如果当地合作伙伴到办公室或者宾馆拜访您，要为他们提供饮品。在土耳其，当地伙伴或许会坚持每餐都招待您。邀请土耳其伙伴吃午饭或者晚饭时，最好提前把服务员叫到一边结账，否则土耳其朋友可能会抢着付账。

土耳其人生活节奏较慢，在餐馆吃一顿饭，可能要花费两三个小时的时间。土耳其人喜欢喝浓咖啡，糖也加得很多，但很少搅拌。喝咖啡或者喝茶时，土耳其人不爱谈论天气，比较合适的话题有土耳其的历史、食物、遗址、旅游、运动和家庭。

给土耳其人送礼时可以送中国茶叶。如果被邀请到土耳其人家里做客，可以带上一束鲜花、一些糖果或点心作为礼物；主人会喝酒的话，也可以带上一瓶酒。进屋之前一般需要脱鞋。

爱好与禁忌

土耳其人喜爱绿色、白色和绯红色。禁忌紫色和黄色，因为黄色标志着死亡。在土耳其应慎用绿三角的图案。

土耳其人信仰伊斯兰教，喜欢吃牛、羊肉，喜欢骆驼，禁吃猪肉，忌讳用猪作图案。

土耳其人特别喜欢花。每当人们欢迎来宾时，餐桌上都有一只插满鲜花的花瓶，应邀赴宴的客人也可以给女主人带一束鲜花。

已婚男女或恋人在公共场合应注意不要有过分亲热的行为。

 **教育简况**

土耳其悠久而灿烂的文化建立在波斯、阿拉伯、拜占庭、奥斯曼和西方文明的基础之上。第一次世界大战后，"现代土耳其国父"凯末尔最重要的改革是恢复使用土耳其语，以取代阿拉伯语，并减少伊斯兰教对土耳其的影响。

2012年3月，土耳其规定义务教育由原先的8年延长至12年，包括小学学制4年、初中学制4年和职业专科学制4年。土耳其的高中重视外语教学，同时也向学生传授基本常用知识，帮助学生熟悉个人和社会方面的问题。学生可以按照兴趣以及能力为后续高等教育或职业工作做好准备。在土耳其，年满6岁的儿童必须接受义务教育。

土耳其著名的大学有安卡拉大学、哈杰泰普大学、中东技术大学、比尔肯特大学、伊斯坦布尔大学、海峡大学、爱琴海大学等。

阿拉伯叙利亚共和国

 **基本概况**

阿拉伯叙利亚共和国（The Syrian Arab Republic），简称"叙利亚"（Syrian）。叙利亚位于亚洲西部，地中海东岸，北与土耳其接壤，东同伊拉克交界，南与约旦毗连，西南与黎巴嫩、以色列为邻，西与塞浦路斯隔地中海相望。政治体制为总统共和制。首都为大马士革（Damascus）。

叙利亚沿海和北部地区属亚热带地中海气候，夏季炎热干燥，冬季温和多雨，雨热不同期；南部地区属热带沙漠气候，冬季雨量较少，夏季干燥炎热。最低气温–10℃，最高气温达40℃左右。年平均降水量沿海地区1000毫米以上，南部地区仅100毫米。

叙利亚国土面积约为18.52万平方千米（含戈兰高地）。全国人口数量约为1827万（2017年），其中阿拉伯人约占80%以上，还有库尔德人、业美尼亚人、土库曼人和彻尔克斯人等。阿拉伯语为国语，通用英语和法语。居民中85%信奉伊斯兰教，其余的主要信奉基督教。

经济简介

叙利亚矿产资源主要有石油、天然气、磷酸盐、岩盐、沥青等。经济门类主要是农业、石油、加工业和旅游业，但石油正面临枯竭的境况。农业在国民经济中占据重要位置，是阿拉伯世界的五个粮食出口国之一。工业基础薄弱，现代工业只有几十年历史，分为采掘、加工和水电。采掘工业有石油、天然气、磷酸盐、大理石等，加工工业主要有纺织、食品、皮革、化工、水泥、烟草等。

叙利亚主要进口产品有机械、钢材、纺织品、燃料、粮食、罐头、化工原料、文教用品、木材等；进口的主要国家为欧盟国家、日本、中国和美国；主要出口产品有石油和石油产品、棉花和棉花制品、磷酸盐、香料、皮革等；出口的主要地区为欧盟国家和独联体、东欧等。

叙利亚的货币是叙利亚镑（Syrian Pound）。

商务交际

叙利亚人见面有握手、拥抱和亲脸的习俗。同事和朋友间见面一般用握手表示欢迎。亲朋好友在久别重逢或出远门时，会热烈拥抱并吻脸三下。这种礼节仅限于同性之间，男的为左、右、左，女的为右、左、右。关系密切的还会在吻脸的同时从嘴里发出声音。

叙利亚人平时以"先生""女士""小姐"相称，关系亲密的一般称对方别名。

在叙利亚，名片上最好印有英文及阿拉伯文。大多数叙利亚人都通晓英语、法语。

到叙利亚人家中做客或到机关企业参观，主人一般都先用苦咖啡招待客人。装咖啡的是专用的壶和小杯子，倒咖啡的人手里仅拿四至五个杯子。如果客人多，则前边人用毕后边接着用，中间不再刷洗。每次倒的咖啡量一般是杯子的三分之一左右。客人喝过后如不继续喝时，则要左右摇动杯子，否则主人还要往杯子中续咖啡，直到客人摇动杯子为止。不过，随着时间的推移，这一习惯有所改变，如客人不想喝，摆手示意即可。

商务活动如应邀至对方家中吃饭，要带点礼物给对方，而非给对方的妻子。

叙利亚11月至次年4月天气较凉爽，最宜进行商务访问。7月至8月休假。斋月期间不宜进行商务活动。需要注意的是，每年的斋月时间并不固定，因此行前须查问当年斋月的时间。穆斯林斋月封斋，白天不进食，工作时间亦相应缩短，即使有外交礼节性宴请，也必须在日落之后才能举行。

爱好与禁忌

叙利亚人的主食是白面和大米，餐桌上常见的菜肴有烤羊肉、鸡肉、炸鱼、煮牛肉、黄瓜、腌橄榄、奶酪、西红柿沙拉、生菜、洋葱、焖蚕豆等。甜食也是叙利亚人爱吃的食品。叙利亚人还常饮红茶和咖啡。

叙利亚人吃饭时，一般用右手抓食，食物入口不许复出。喝汤或其他热饮时，不许发出任何声响。

教育简况

叙利亚历来重视教育，但是近几年来连续的战争和冲突对叙利亚的教育体系产生了较大冲击。当前，叙利亚教育主要包括五个阶段，即学前教育阶段、小学教育阶段、初中教育阶段、高中教育阶段与高等教育阶段。学前教育3年，3—5岁的儿童入学，这一阶段是付费教育。叙利亚普及小学义务教育，学制6年。初、高中学制6年，初中基本实行义务教育制。

叙利亚的高等教育学位比较紧张，加之战争与冲突的影响，大学的办学能力受到了较大限制，教学水平和学生人数都有所下降。部分学生宿舍用来收容叙利亚难民，学生和学术人员还需应付有关义务兵役的问题，使得大学的入学人数比例减少，离开叙利亚的学生和教师人数增多。叙利亚高等教育系统的授课语言为阿拉伯语，第一外语为英语，第二外语为法语。

叙利亚现有四所综合性大学，即大马士革大学、阿勒颇大学、十月大学和复兴大学。

约旦哈希姆王国

基本概况

约旦哈希姆王国（The Hashemite Kingdom of Jordan），简称"约旦"（Jordan）。约旦位于亚洲西部及阿拉伯半岛的西北，西与巴勒斯坦、以色列为邻，北与叙利亚接壤，东北与伊拉克交界，东南和南部与沙特阿拉伯相连，南濒红海。约旦基本上是个内陆国家（在西南部临近亚喀巴湾有极小一段海岸）。政治体制为君主立宪制。首都为安曼（Amman），也是全国最大的城市和经济文化中心。

约旦地势西高东低，西部多山地，东部和东南部为沙漠。沙漠占全国面积80%以上。约旦河流经西部注入世界陆地最低点——死海。约旦西部高地属亚热带地中海型气候，较为温和，平均气温1月为7℃—14℃，7月为26℃—33℃。

约旦国土面积约为8.93万平方千米，其中陆地面积约为88 802平方千米，海洋面积540平方千米。全国人口数量约为946万（2016年），大部分为阿拉伯人，其中60%以上是巴勒斯坦人，还有少数土库曼人、亚美尼亚人和彻尔克斯人。阿拉伯语为官方语言，通用英语。92%以上的居民信奉伊斯兰教，也有一些居民信奉基督教。

经济简介

约旦比较缺乏淡水资源，石油资源不丰富。约旦是发展中国家，经济基础薄弱，资源较贫乏，可耕地少，粮食依赖进口。农业不发达，水资源缺乏是约旦发展农业的主要障碍，主要农作物有小麦、大麦、玉米、蔬菜、水果、橄榄等。农产品不能满足国内需求，约75%的粮食和肉类主要依靠进口。旅游业是约旦支柱产业之一，主要旅游景点有佩特拉古城、死海和瓦迪拉姆沙漠等。

约旦主要进口原油、机械设备、电子电器、钢材、化学制品、粮食、成衣等；主要出口服装、磷酸盐、钾盐、蔬菜、医药制品和化肥等。主要贸易伙伴国家为沙特阿拉伯、中国、美国、德国、伊拉克、印度、叙利亚和阿联酋等国。

约旦货币为约旦第纳尔（Jordan Dinar）。

商务交际

约旦的风俗习惯具有浓重的伊斯兰色彩。同该国人士进行商务往来时,一定要尊重其商务习俗。

约旦人见面一般都行握手礼,并相互问好。与亲朋好友相见时,还习惯施拥抱礼和亲吻礼,即拥抱的同时,相互亲吻面颊,以示尊重。但这种礼节仅适于男性之间。同知识界女士接触时,只有她们主动伸手时,才能与之轻轻地握手;与下层女士接触时,不能主动打招呼。

约旦人在谈话时喜欢注视对方,认为这样双方距离很近;目光斜视或东张西望都被看作是轻视人的行为。

约旦人宴请客人时,会先送上一杯咖啡和一些水果。他们在用餐时很少使用餐具,米饭一般都是用右手捏成团送入口中。

到约旦从事商务活动,比较适宜的时间是当年11月至次年4月,应避免在伊斯兰教历9月前往。9月是伊斯兰教斋月。斋月期间,每天从日出到日落,穆斯林不吃饭、不喝水、不吸烟,日落祷告后可以开斋进食。年幼者、老弱病残者可以不封斋。在斋月期间,来自国外的旅行者应注意,不要在白天面对众人大吃大喝,也不宜抽烟,如请当地人吃饭或饮茶,也只能在日落之后进行。

商务活动宜事先约定时间。和其他中东国家相似,当地商人守时观念较弱。晚宴多在21—22点才开始,结束时间可能会拖延至清晨。

约旦人邀您赴咖啡店小憩,如拒绝,会被认为是羞辱对方。应邀至约旦商人家中赴宴的全都是男性,服务员也一律是男性。当地的商店街道多使用阿拉伯文,从事旅游业的人都会英语。

按约旦的商务礼俗,商界的穿着以衬衣配领带为宜。约旦是阿拉伯世界的一员,很容易让人认为这里天气炎热,其实当地温度低,来此访问的人都会说"这里很凉爽"。冬天访问宜穿保守式样的西装。

与当地商人接触时应保持谦逊的态度,因为他们认为夸夸其谈的人不可靠。只有经过较长时间的接触,赢得了对方的信任,他们才不会拒绝您的请求。销售态度须放低,最好设法约对方到咖啡店单独谈生意。不要使用急于求成的销售手段。

居住在城镇中的老年人仍保持着传统的服饰习俗。他们爱穿阿拉伯长袍,女士一般不穿坦胸露背和紧身的服装。另外,不论男女都不佩戴有宗教意义的珠宝首饰。

 **爱好与禁忌**

约旦人的主食是发面饼和玉米饼，尤其喜爱吃大饼夹肉，即把烤好的羊肉夹在大饼内。他们日常生活中多食牛肉、羊肉等，饮用酸牛奶、茶等。

约旦人不饮酒，所以忌讳以酒作礼物送人。交通法规规定不许鸣笛。

禁止摸小孩的头，理发师开始理发时，必须先诵上两句经文。

在约旦，不可给穿着民族服装的女性拍照。

与约旦人交谈，忌讳谈论有关中东政治宗教以及女性权利等话题。

 教育简况

约旦自建国起就把教育当作"最重要的工业"来发展，把人力资源作为"最宝贵的资源"进行开发。通过对教育的超常投资，约旦在较短时间内建立起了完备的现代教育体系，在教育领域取得了令阿拉伯世界瞩目的成就。

约旦公民从小学到高中享受免费教育。基础教育为10年一贯制，高中教育是建立在一般文化基础上的非义务性专业学习，学制为2年。

约旦著名的大学有约旦大学、雅尔穆克大学、约旦科技大学、哈希姆大学、穆塔大学、贝塔大学、侯赛因大学、拜勒卡应用大学等。

黎巴嫩共和国

 基本概况

黎巴嫩共和国（The Republic of Lebanon），简称"黎巴嫩"（Lebanon）。黎巴嫩位于亚洲西南部地中海东岸，东部和北部与叙利亚交界，南部与巴勒斯坦为邻，西濒地中海。政治制度为议会共和制。首都为贝鲁特（Beirut）。

黎巴嫩属热带地中海型气候，沿海一带夏季气候炎热潮湿，冬季温暖，高山地区积雪可达4至6个月，大部分地区10月到次年4月为雨季。沿海平原和贝卡谷地7月平均最高气温为32℃，1月平均最低气温为2℃。年平均降水量1000毫米左右，山区年降水量1200毫米以上。

黎巴嫩国土面积约为1.04万平方千米，全国人口数量约623万（2017年），绝大多数为阿拉伯人。阿拉伯语为官方语言，通用法语、英语。约54%的居民信奉伊斯兰教，主要是什叶派、逊尼派和德鲁兹派；约46%的居民信奉基督教，主要有马龙派、希腊东正教、罗马天主教和亚美尼亚东正教等。

经济简介

黎巴嫩矿产资源少，且开采不多。矿藏主要有铁、铅、铜、褐煤和沥青等。黎巴嫩与塞浦路斯之间的海域有石油和天然气。工业基础相对薄弱，以加工业为主，主要行业为非金属制品、金属制造、家具、服装、木材加工、纺织等。农业欠发达，农产品以水果和蔬菜为主，主产柑橘、苹果、葡萄和香蕉。粮食生产落后，主要依靠进口，经济作物有烟草、甜菜、橄榄等。黎巴嫩原为中东旅游胜地，但近年来黎以冲突及安全形势不稳，影响了旅游业的发展。

外贸在黎巴嫩国民经济中占有重要地位。出口商品主要有蔬菜、水果、金属制品、纺织品、化工产品、玻璃制品和水泥等，主要贸易对象是意大利、美国、法国、沙特阿拉伯、阿联酋、叙利亚和中国等国。

黎巴嫩货币为黎巴嫩镑（Lebanese Pound）。

商务交际

黎巴嫩人见面时打招呼十分热情，流行握手礼。在国际场合，采用国际通用的称谓。

商务活动要事先预约。从事商业活动之前，必须先了解伊斯兰教教规，最重要的是礼拜、现金、绝食、朝圣四项。朝圣季节是生意最好的时期，因为他们习惯在前往麦加参拜时购买家庭用品及衣服，所以当地商人会赶在朝圣季节之前办妥货物，一般以日用消费品为主。

餐后是谈公事的合适时机，鲜花和糖果是比较好的礼物，不要送酒和香烟。

黎巴嫩人喜欢别人赞美他们的家庭，交谈时可以谈论生意、孩子、教育和旅行见闻等。

黎巴嫩穆斯林的婚俗与埃及、叙利亚等国大体相同，普遍主张早婚。黎巴嫩允许近亲婚姻。

爱好与禁忌

与黎巴嫩人交谈时，应避免谈论政治、宗教和男女关系。

禁止侮辱公务员、国旗和宗教信仰。

忌讳黄色，女士不可穿着暴露，同时忌讳给女士拍照。

教育简况

近年来，黎巴嫩政局动荡，教育体系数次重组。面对21世纪教育在经济发展中的重要作用，黎巴嫩日益注重教育，尤其是职业教育的发展。

目前，黎巴嫩普通教育基础阶段为9年，9年级结束时通过考试获得初中文凭。中等阶段教育修满3年，通过相应考试可获得普通教育证书。顺利达到7年级水平的学生可以继续接受专业教育，学习2年，获得专业证书。持有专业证书或初中毕业文凭的学生可以继续接受技术教育；持有高中会考证书（技术类）或普通教育证书的学生可以继续接受高等技术教育。

创建于1953年的黎巴嫩大学是其国内唯一的国立综合大学。

以色列国

基本概况

以色列国（The State of Israel），简称"以色列"（Israel）。以色列位于亚洲西部，北与黎巴嫩交界，东北部与叙利亚接壤，东面是约旦，西濒地中海，南连亚喀巴湾，是亚、非、欧三大洲交界处。政治体制为议会共和制。首都为耶路撒冷（Jerusalem）。

以色列沿海为狭长平原，东部有山地和高原，属地中海型气候。夏季炎热干燥，气温23℃—34℃；冬季温和湿润，气温10℃—17℃。年降雨量220—920毫米，越往南，降雨量越低。

以色列国土面积约为2.57万平方千米（实际管辖面积），全国人口数量约为871万（2017年），其中犹太人约637.7万，约占75%，是世界上唯一以犹太人为主体民族的国家。希伯来语为国语，与阿拉伯语均为官方语言，通用英语。犹太教为国教。

经济简介

以色列地处沙漠地带边缘，水资源匮乏。以色列以知识密集型产业为主，高附加值农业、生化、电子、军工等部门技术水平很高。工业比较发达，机械化、自动化程度高，是国民经济的支柱产业。主要农作物有小麦、棉花、蔬菜、柑橘等。粮食接近自给，水果、蔬菜生产自给有余并大量出口。旅游业是以色列重要的产业，其优势在于以色列国内含有大量珍贵的历史和宗教遗迹，如犹太教、基督教（包括天主教、东正教及其他独立教派）、伊斯兰教、巴哈伊教等宗教遗迹。著名旅游景点为哭墙、大卫城塔、死海等。

以色列的钻石生产量大，是该国主要出口的商品，出口量居世界第一位。此外还大量出口优质水果、蔬菜、花卉和棉花等。以色列是世贸组织和经济合作与发展组织成员国，与美国、加拿大、土耳其、墨西哥及欧盟、欧洲自由贸易联盟、南方共同市场签有自由贸易协定。主要贸易伙伴是欧盟成员国、美国等。

以色列货币为以色列谢克尔（Israeli Shekel）。

 **商务交际**

在以色列，初次见面以握手为礼，关系好且双方都是男士时可行拥抱贴面礼，拥抱后还应再握手一次。

现代犹太人的姓名构成分姓和名字两部分，名在前，姓在后。当地阿拉伯人的姓名结构较为复杂，其全名有五个部分，即本名、父名、祖父名、别名、称号。称呼时，一般只用全名中的某一个部分来代替全名。

以色列人举止有度。他们同别人打交道时，不管对方年龄多大，身份如何，都既不显倨傲，也不露媚态，显得精明稳重，自信而富有理性。

犹太人讲究发型，认为这是讲究仪表的重要内容，一般不理光头，不剪怪异发式。

以色列人的衣着特点是整洁、实用、协调和庄重。他们不喜欢大红大绿或对比强烈的打扮。

以色列商人守时，注重人际关系并信守合同。以色列人做生意时一般会准备书面合同，做事情比较谨慎。

和以色列商人见面的时候，穿西装或衬衫西裤均可。在商务接触中，以色列人习惯使用商务名片。客人接到名片后应认真看完名片上的内容，并轻轻装进名片夹中，不要随便一看就插进口袋里，更不能不看就放到裤袋里。

与以色列公司做生意时通信（传真或信函）要使用英语。以色列公司希望外国合作伙伴能够迅速答复信函。如果一星期后才能答复，可以事先告知。以色列商人做生意讲究谈判、商谈，擅长商务谈判。

与以色列人进行商务交际应注意初次报价不宜过高，这样会让以色列人觉得您不诚心，生意就容易谈不成。以色列公司以商务合同为合作基础。合同经双方同意并签署之后，任何一方不得随意违反或更改。

在以色列如果犯了错误，必须思路清晰地说出犯错的原因，然后跟对方讨论、沟通。如果省掉这一点，只想用一句对不起来打发，会招来对方的轻视。

以色列人大多不拘礼节，但如果参拜圣地，礼节就不能不守，而且非常严格。进入犹太教的圣地和教堂，男性必须顶着一种叫做"哥巴"的帽子。进入伊斯兰教清真寺时，必须脱鞋，赤足而入。进入基督教教堂时，必须摘下帽子。

爱好与禁忌

以色列人在习俗禁忌方面深受犹太教教规的影响。犹太人及其居住的区域不允许外人拍照、录像。

安息日（每个星期五日落开始至次日日落前），犹太教徒不得从事任何劳动，不得接触金钱、火柴和机器，只能休息。头部不得裸露。进入犹太教堂从事宗教活动，或出席议会、例会，以色列男士通常都头戴无檐小帽遮住自己的头顶，以色列女士也必须戴上头巾。

犹太人不得剔除胡须和鬓毛。

犹太人大多博学，家常话题众多，娱乐、艺术、各地名胜古迹、动物、植物、天下大小趣闻等都可以列入话题。不宜主动涉及的话题有阿以矛盾、宗教信仰、男女关系以及历史上的排犹运动等。

教育简况

建国前，以色列已有一个运作良好的教育系统，由前犹太社区发展和维护，以希伯来语进行教育。建国之后，以色列面临整合大量移民儿童的巨大挑战，超过70个国家的儿童跟随父母返回家园。

当前，以色列教育主要分为四个阶段：学前教育阶段（3—6岁），小学教育阶段（6—12岁），中等教育阶段（初中13—15岁，高中16—18岁），大专及大学学历教育阶段（18岁以上）。以色列中小学教育阶段十分重视劳动教育和职业教育，从小学一年级开始安排手工课，锻炼孩子的劳动能力；小学高年级和初中阶段，安排学生们学习各种技术课程和家政课。这成为以色列中小学教育制度的一大特点。以色列的大专教育也包括非学历培训，注重实践性，为培训对象顺利进入劳动力市场做好准备。大专院校颁发的资格证书包括注册护士、公估人、工程师、技术员等等。高等教育包括高等教育委员会认可的本科生、研究生，其学术研究在大学、学术性学院和教育学院进行。

以色列主要的大学有耶路撒冷希伯来大学、特拉维夫大学、海法大学、以色列工程技术学院、魏茨曼科学研究院、巴伊兰大学和本·古里安大学等。

巴勒斯坦国

 **基本概况**

巴勒斯坦国（The State of Palestine），通称"巴勒斯坦"（Palestine），由加沙和约旦河西岸两部分组成。巴勒斯坦位于亚洲西部，地中海东岸，地处扼欧、亚、非三大洲交通要道，与黎巴嫩、叙利亚、约旦、埃及为邻。政治体制为半总统共和制。现在巴勒斯坦所有政府机构设在拉姆安拉市（Ramallah），法定首都为耶路撒冷（Jerusalem），是基督教、伊斯兰教和犹太教的三教圣城。

巴勒斯坦西部为地中海沿岸平原，南部高原较平坦，东部为约旦河谷地、死海洼地和阿拉伯谷地。属亚热带地中海气候，夏季炎热干燥，冬季温暖湿润。最热月份为7—8月，气温最高达38℃。冬季微冷湿润多雨，平均气温为4℃—11℃。最冷月份为1月。雨季为12月至次年3月，南北雨量悬殊，最北部平均降水量900毫米，最南部仅50毫米左右。

巴勒斯坦国土面积约为6220平方千米。全国人口数量约为1270万（2018年）。主要居民为阿拉伯人，通用阿拉伯语，主要信仰伊斯兰教。

经济简介

巴勒斯坦以农业为主，农产品丰富，主要生产水果、蔬菜和橄榄。主要矿产资源有天然气、石油、煤、铁、铝土等。建筑业、加工业、手工业、商业、服务业等发展较快。工业主要是加工业，如制革、塑料、橡胶、化工、食品、石材、大理石和人造石板、制药、造纸、印刷、建筑、纺织、制衣和家具等。巴勒斯坦有大量历史文化古迹，旅游资源丰富，主要旅游景点为杰里科古遗迹、阿喀萨清真寺、哭墙等。

巴勒斯坦货币为巴勒斯坦镑（Palestine Pound）。

商务交际

巴勒斯坦人见面通常行握手礼。男士多穿西装或便装。女士大部分戴头巾，着伊斯兰传统服装。女士在巴勒斯坦应避免穿背心、短裙等。

巴勒斯坦人十分热情，逢年过节和应邀参加宴会时，通常有送花环的习惯。

与中国一样，"客来敬茶"也是巴勒斯坦招待客人的一种礼遇。到巴勒斯坦人家里做客，主人会烹煮红茶招待，同时还奉上夹心饼干、蛋糕之类的点心。

过新年时，女士随身携带红粉出门，见了亲友先道喜，然后将红粉涂在对方前额上，寓意抬头见喜、大吉大利。

爱好与禁忌

巴勒斯坦人主要食用手抓饭或大饼配咖喱羊肉、鸡肉之类。他们喜欢吃香辣食品和用胡椒、姜黄等做的咖喱食品。

巴勒斯坦绝大多数人信奉伊斯兰教。教律规定喝酒是一种犯罪行为，信徒不许喝酒。

斋月期间，每天东方刚刚开始发亮至日落期间，除了患病者、孕妇以及作战的士兵等少数人外，成年的穆斯林必须严格把斋，不吃不喝、不吸烟、不进行娱乐活动等。直到太阳西沉，人们才进餐，随后或消遣娱乐，或走亲访友。斋月期间，当地饭店白天一般不营业，政府部门上午办公时间推迟至10点左右。在穆斯林把斋时段，非穆斯林也应尊重穆斯林宗教习俗，不宜在公共场所抽烟、喝水、吃东西或进行娱乐活动。

教育简况

巴勒斯坦的教育、文化和医疗卫生事业比较发达，自1968年起实行10年的免费义务基础教育制度。教育是巴勒斯坦权力机构所能提供的一项最大规模的服务。教育和高等教育部负责公立学校的经费和管理，并对私立学校进行责任监督。教育体制是：小学6年、中学3年、高中3年、大学4—5年。

巴勒斯坦主要的大学有纳贾赫大学、比尔宰特大学、圣城大学、伯利恒大学等。

沙特阿拉伯王国

 **基本概况**

  沙特阿拉伯王国（Kingdom of Saudi Arabia），通称沙特阿拉伯（Saudi Arabia），简称"沙特"。沙特位于阿拉伯半岛，东濒波斯湾，西临红海，同约旦、伊拉克、科威特、阿联酋、阿曼、也门等国接壤，并经法赫德国王大桥与巴林相接。海岸线长约2448千米。政治体制为君主专制政体。首都为利雅得（Riyadh）。麦加是伊斯兰教创建人穆罕默德的诞生地，是伊斯兰教徒朝觐圣地。

  沙特地势西高东低。除西南高原和北方地区属亚热带地中海型气候外，其他地区均属热带沙漠气候。夏季炎热干燥，最高气温可达50 ℃以上；冬季气候温和。年平均降水量不超过200毫米。

  沙特国土面积约为225万平方千米，全国人口数量约为3255万（2017年），其中沙特公民约占67%。伊斯兰教为国教。官方语言为阿拉伯语。

经济简介

  沙特是全球最大的石油出口国，是石油输出国组织的主要成员国，也是世界上最富裕的国家之一，是世界上最大的淡化海水生产国。沙特的谷物自给率较低，较大程度上依赖进口，是世界上最大的大麦进口国之一。主要农产品有小麦、玉米、椰枣、柑橘、葡萄、石榴等；畜牧业主要有绵羊、山羊、骆驼等。经济发展以工业为重点，石油和石化工业是国民经济的命脉，是主要的经济来源。沙特实行自由经济政策，金融体系完善发达，旅游业也比较发达。沙特政府鼓励私有经济的发展，以减少国家经济对石油出口的依赖，同时为快速增长的人口提供更多的就业机会。沙特也使用大量外籍劳工。

  沙特主要出口商品以石油和石油产品为主，石化及部分工业产品的出口量也在逐渐增加；进口商品主要是机械设备、食品、纺织等消费品和化工产品。主要贸易伙伴是美国、中国、日本、英国、德国、意大利、法国、韩国等国。

  沙特通用货币是沙特里亚尔（Saudi Riyal）。

商务交际

在沙特，见面以握手、问候为礼。如果双方是男士，且关系亲密，会左右贴面三次。有时候为表示亲切，会手拉着手，边走边说。交换物品时用右手，或用双手，忌用左手。

当地商人多通晓英文，名片和说明宜用阿拉伯文和英文两种文字。来往信件要统一，如果来函用阿拉伯文，回函也以阿拉伯文为宜。

商务会见时，男士宜穿保守式样的西装。一般会见和宴请的场合通常只有男士。沙特女士外出须戴面纱，抛头露面的女士多为外籍人。在沙特，不要拍摄与宗教相关的照片，也不要给女士拍照。

收到沙特人的邀请，要以很自然的态度拒绝一两次，再以和善优雅的表情接受。如果可能，对他们的书面邀请要以同种语言予以回复，表示收到了邀请。接受了沙特友人的邀请后，要准时赴约。

约会须事先预约。沙特人时间观念较弱，因此即使是在约定的时间去拜会，最好仍在日程上留点余地。沙特人晚到的情况比较普遍，可以约沙特商人到咖啡店单独谈判。洽谈业务时，沙特商人常被来往人员打断谈话。但他们认为这是家庭关系的延伸，不认为是失礼的行为。

沙特人不相信谈判代表，一般会要求与制造商直接谈判。法律限定该国商业必须由该国商人经营。沙特商人往往兼营多种商品进出口，且善于商务谈判，与之谈生意需要细心和耐心。他们认为没有商务谈判就不是严肃的谈判。

沙特人崇尚兄弟情谊，不会因商务而冷落自己的兄弟。谈判时，阿拉伯人一方的亲友突然到访，会被他们请进屋内喝茶聊天，外商则被冷落在一旁，直到亲友离去谈判才会继续，因此谈判节奏较为缓慢。在阿拉伯国家进行商务谈判，不可能像其他国家那样通过一次电话就可以谈妥，往往要花很长时间才能作出谈判的最终决策。

沙特人较看重信誉，谈生意的人必须首先赢得他们的好感和信任。

沙特人吃饭时不说话，不要试图将谈判桌上谈不拢的事情在饭桌上达成。

到沙特人家中做客时，即便不喝，也要接受主人奉上的第一杯咖啡，以示对主人好客的答谢。不要接受三杯以上的阿拉伯咖啡，轻轻摇晃玻璃杯，或用手掌盖住杯子，以示不再需要什么了。主人来取杯子时，要用右手递还。

在社会活动场合，沙特男女客人总是分隔而处。到传统的沙特家庭做客，尽量入乡随俗，以沙特人的习惯盘腿而坐。当共用一个盘子里的饭时，手指不要触及嘴唇或舌头。接受其他沙特客人递送的食物时，要记住相互递送，且只能用右手的头三个指头。吃完以后，盘子里要剩一点没有动过的食物。当看到主人吃完了或拿出熏香以后，要尽快离去。

爱好与禁忌

按穆斯林的习俗，沙特以牛羊为上品，忌食猪肉，忌食有贝壳的海鲜和无鳞鱼，肉食不带血。以前阿拉伯人多用右手抓饭，现在招待客人多用西式餐具。

沙特人爱探险。他们虽来自沙漠，但也崇拜雪域高原，喜爱攀登雪山。每年有许多沙特人远赴尼泊尔攀登珠峰。

沙特人爱阿拉伯马。自古以来，沙特人都和沙漠中的阿拉伯马相依为命。阿拉伯马以俊美著称，并且有极大的耐力，因其性情温和、聪颖及高贵的气质而深得沙特人的喜爱。

沙特人酷爱猎隼。猎隼是珍稀野生猛禽。由于猎隼凶猛矫健，目光锐利神秘，沙特人便将其视为身份和地位的象征。他们捕隼、训隼、放隼捕猎，一只好猎隼价值连城。在沙特首都利雅得，一只上等猎隼可以卖到十几万美元，即使一只普通的猎隼，也可以卖到一千美元的好价钱。训隼是为了猎鸨，沙特人认为鸨肉是一种世界性珍禽，数量非常稀少。

沙特人热情好客，去主人家做客时可以带些小礼品，如糖果工艺品等。但是因为穆斯林禁酒，因此不要送酒类礼品。

在沙特，不能单独给女主人送礼，也不要送东西给已婚女士，不可寄送有女士形象的图片及雕塑品。

教育简况

沙特的教育事业发展过程较为曲折。1932年立国时，现代教育事业还是一片空白，全国无一所正规学校，受教育的人数不多，人们对新式学校心存疑虑。建国初期，几乎找不到一位合格的小学教师，教学仪器、设备和教科书等基本没有。建国后10年，沙特全国小学仅27所，直到1943年才有了第一所中学，并第一次有了3名沙特本国教师。而后沙特的现代教育事业的发展也相对缓慢。到1965年，沙特才大幅度增加对教育的投资，不断改善教学条件。

沙特政府重视教育和人才培养，实行免费教育。包括初等教育、职业培训、各类技术教育和成人教育等，强制实行义务教育。沙特基础教育实行三阶段一贯制。中、小学学制各为6年，6岁儿童上6年制小学、3年制中等学校（相当于初中）和3年制高中。沙特麦地那大学在伊斯兰世界享有极高声誉。沙特每年约有7000名学生公费出国留学。在国内读书的大学生，除免费住宿外，还享受津贴。

沙特主要的综合性大学有沙特国王大学和阿布勒阿齐兹国王大学等。

也门共和国

基本概况

也门共和国（The Republic of Yemen），简称"也门"。也门位于阿拉伯半岛西南端，与沙特、阿曼相邻，濒红海、亚丁湾和阿拉伯海，扼曼德海峡，具有重要的战略地位。也门拥有3000多年文字记载的历史，是阿拉伯世界古代文明摇篮之一。政治体制为联邦制。首都为萨那（Sana'a）。

也门南部属热带干旱气候，一年分凉热两季，4—10月为热季，平均气温37℃，11月至次年3月为凉季，平均气温27℃。北部气候较为复杂，东面缓坡伸向鲁卜哈利沙漠，是沙漠和半沙漠地区，气候干燥，炎热少雨；中央高原海拔1500—4000米，气候凉爽；丘陵地区气候温和，雨量充沛，年降水量在1000毫米以上，多雨季集中在3—5月和7—9月；西部红海沿岸地区气候炎热而潮湿，年降水量在400毫米以下，是阿拉伯半岛降水量最多的地区。

也门国土面积约为52.8万平方千米，海岸线约为2200千米。全国人口数量约为2758万（2018年），绝大多数是阿拉伯人，官方语言为阿拉伯语，伊斯兰教为国教。

经济简介

石油和天然气是也门最主要的自然资源，金属矿产主要有金、银、铅、锌等。20世纪80年代开始，也门石油的工业化生产和出口成为国民经济的支柱产业。工业主要有纺织、石油、化工、制铝、制革、水泥、建材、卷烟、食品及加工等。畜牧业比较落后，所需肉类奶类产品大部分需要进口。水资源紧缺，主要依靠地下水。一些地方由于过度开采地下水，导致水资源紧张的趋势进一步加剧。

也门进口商品主要为运输工具、机械设备等建设所需物资以及大量轻工产品等；出口产品主要为石油、棉花、咖啡、烟叶、香料和海产品等。主要贸易伙伴为中国、美国、阿联酋、意大利、沙特等国。

也门货币是也门里亚尔（Yemen Rial）。

商务交际

也门人在现代工作和生活中基本以"先生""女士""小姐"等相称。普通百姓日常生活之中经常以"萨的格"（朋友）相称，表示关系亲近。

也门人相见时一般先互相致意问候，然后拥抱行贴面礼。也门人最隆重的接待方式是为客人熏香和喷香水。主人在客人进入客厅后点燃檀香，然后请客人站起来，解开上衣下部的纽扣，把香笼放在腹部，主人再用嘴吹檀香，使清香扑鼻的烟气熏蒸客人的身体。辞别前，主人还要用香水喷洒客人，用芳香味来表达友谊。

摘帽是也门的传统礼仪，表示被要求者一定要答应请求。例如当邀请做客时，主人把帽子摘下来，表示被邀请者非去做客不可。

也门属禁酒国家，宴会中从不备酒，惯以凉开水代酒。

也门人的时间观念较弱，赴约者要有等候、延期或取消的准备。

阿拉伯语是公用语。政府官员多数不懂英语，政府机构的投标书等文书都是用阿拉伯语撰写的，需要很好的翻译帮忙才行。商务文书采用盖公司图章与签名并行的方式。

在商谈或对话中，不要以手指对方。

男穿裙子女穿裤，是也门人服饰的一大特点。一年四季中，男士不分老幼均穿裙子，男士一般到15岁左右就要腰束一条宽皮带，佩带一把腰刀。以前佩刀用于自卫，现在只为了装饰，不可随便拔他人的腰刀。女士通常要穿长裤，出门时把身体裹起来，头戴面纱。

在也门的传统家族里，娶嫁不由己，基本由父母做主。父母是一家之主，尤其是父亲拥有绝对的权威。按照伊斯兰教教规，男女授受不亲，所以除了家庭和亲戚关系外，男士很少有与女士接触的机会，因此一般依赖父母和亲友选择未婚妻。

爱好与禁忌

也门人最爱吃的佳肴是烤全羊，其最为珍贵的部分是羊头。主食是阿拉伯大饼，用餐惯以右手取食。也门人习惯喝茶，也乐于喝咖啡，在喝茶时总在茶水里加入咖啡豆壳，而喝咖啡要放大量的香料和姜。

也门禁止销售和饮用各类酒，不吃猪肉。

男士一般不要主动与阿拉伯女性握手。严禁对当地女士和儿童拍照。也门人大多能歌善舞，在节日、婚礼和朋友聚会时，爱跳集体舞，但是男女分开。

抽水烟是也门人的主要休闲方式之一。

 **教育简况**

也门实行中小学免费教育制。小学阶段实行义务教育制度，并致力于扩大基础、技术、职业教育。1992年出台了《教育综合法》，规定教育是基本人权，国家向个人免费提供，需考虑到阻碍家长送子女上学的社会和经济困难，采取措施以实现社会平等和教育机会平等。

也门初等教育即基础教育，主要分为两个阶段：1至6年级为小学阶段，7至9年级为预科阶段。初等教育持续9年时间，从6岁开始。学生在完成初等教育后接受中等教育，可以在以下三种教育计划中进行选择：3年制的普通中学教育计划、3年制的职业教育计划和2年制的职业教育计划。2009年，也门成立高等教育质量保证理事会，负责私立和公立高等教育的质量。

也门大学不多，较为著名的有萨那大学、亚丁大学等。

阿曼苏丹国

 基本概况

阿曼苏丹国（The Sultanate of Oman），简称"阿曼"（Oman）。阿曼位于阿拉伯半岛东南部，与阿联酋、沙特、也门接壤，濒临阿曼湾和阿拉伯海。政治体制为君主专制政体。首都为马斯喀特（Muscat）。

阿曼海岸线长约为3165千米。沙漠占陆地总面积的82%，山区占15%，沿海平原占3%。除东北部山地外，均属热带沙漠气候。全年分两季，5—10月为热季，气温达40℃以上；11月至次年4月为凉季，平均气温约10℃。年均降水量130毫米。沿海地区湿度常年保持在50%以上。

阿曼国土面积约为30.95万平方千米，全国人口数量约为455.9万（2018年）。伊斯兰教为国教，官方语言为阿拉伯语，通用英语。

经济简介

阿曼是典型的资源输出型国家，油气产业是国民经济的支柱。除石油和天然气外，阿曼境内发现的矿产资源还有铜、金、银、铬、铁、锰、镁、煤、石灰石、大理石、石膏、磷酸盐、石英石、高岭土等。除油气工业外，还有炼铁、化肥、塑料、铸管等工业。农业用地面积较小，且受干旱缺水等因素影响，农业发达程度不高。除椰枣、西红柿、土豆、豆角等农产品外，大部分粮食、蔬菜、水果、肉类、奶制品等依赖进口。旅游业发展较快，主要旅游景点为穆桑达姆、阿罗斯塔克、拜尼哈利德河谷、尼兹瓦、萨拉拉、马斯喀特等。

阿曼主要出口石油和天然气，约占国家财政总收入的75%，非石油类出口有铜、化工产品、鱼类、椰枣及水果、蔬菜等；主要进口机械、运输工具、食品及工业制成品等。

阿曼的货币是阿曼里亚尔（Omani Rial）。

商务交际

根据关系亲疏，阿曼人见面时行握手礼或亲吻礼，但亲吻一般仅限于同性。普通人亲吻一般为三下，先左后右再左。长辈对男女儿童都行吻礼，一般只吻孩子的额头，有时为表示热情也会吻孩子的双颊，并要发出响亮的吻声。异性之间一般行握手礼。

在阿曼最好使用印有英文和阿拉伯文的名片。商务活动时，宜穿保守式样的西装。拜会政府官员及大公司，应提前预约，洽谈时目光不要左顾右盼。

如果阿曼人端出阿拉伯咖啡请您品尝，要用右手持杯慢慢地喝，不需要的时候左右摇手示意，否则旁边的服务人员会一直站在那里为您续杯。

宾主落座后，侍者将端上阿曼甜膏（固态，类似果冻）或椰枣请客人品尝。城市居民一般会向客人提供勺子，供客人取食甜膏。在农村地区，有些家庭可能会请客人直接用手取食。接还杯子时均须用右手，杯子最好一直拿在手里，不要放在桌上。客人离开前，主人会再次为客人熏香、洒香水，之后客人可以离开。主宾相对而坐时，切勿跷二郎腿，更不可将脚板朝向对方。

阿曼商人一般会把重要事项写成书面材料，如果难以满足对方的需求，要明确实表示"不"。

每年的11月至次年3月是最佳商谈时间。6月至8月气温有时高达43℃，商界多休假。斋月期间不宜前往访问，行前必须查询当年的伊斯兰教假日。

爱好与禁忌

阿曼人的饮食习惯与其他阿拉伯国家总体相近，荤菜以牛肉、羊肉、鸡肉为主，素菜喜食番茄、黄瓜、薄荷、洋葱、土豆等，主食为米饭和大饼。"舒瓦"（烤牛肉）、"曼迪"（羊肉饭或鸡肉饭）是较具阿曼特色的美食。

在阿曼人面前，切忌吃猪肉、饮酒，切忌妄谈伊斯兰教和先知穆罕默德。

进入清真寺，男性须穿长袖上衣和长裤，女性若穿裙子须长至脚面，且须将所有头发包入头巾，服装颜色、图案不能过于夸张、刺眼，服装上应避免带有攻击性、侮辱性的词句。

未经允许，不可拍摄女性穆斯林，特别是身穿罩袍者。斋月期间，白天不能在公共场合吃东西、喝水、抽烟。握手、接物等均须用右手。

阿曼男士喜欢身佩饰刀。

乞讨在阿曼属于违法行为，路遇行乞者，尽量不要施舍。

教育简况

　　自卡布斯苏丹1970年执政以来，阿曼积极推行改革政策，教育方面的成就令人瞩目。阿曼因此被联合国教科文组织誉为"发展中国家的典范"。当前阿曼的教育由基础教育和后基础教育组成。这两种教育旨在帮助学生运用在校习得的技能。学生完成10年学业后可以继续接受教育，即由教育部提供的后基础学校教育，或是由劳工部提供的职业培训。后基础教育包括11年级和12年级，学生可以接受职业技术教育或者大学教育，也可以选择进入社会工作。学生在校学完12年级的课程，依据其学习成绩继续接受教育或参加培训课程，到学术型大学和学院深造，到技术学院学习或接受职业教育。

　　阿曼实行免费教育制。青少年教育分为三个阶段，即小学阶段、初中阶段和高中阶段。其中，小学教育一般从6岁开始，12—14岁转入初中，15—17岁根据中考成绩，被录取到不同档次的高中。小学六年的课程主要包括阿拉伯语、基础科学和社会科学。14岁后可选普通教育（包括文理科）、宗教教育和不同地区的职业教育，例如商业、农业和师范培训等。每所学校都建有图书馆、实验室等。中学毕业后，学生依据成绩选择到专科学院接受高级培训或到大学深造。

　　阿曼主要的大学是卡布斯苏丹大学。

阿拉伯联合酋长国

 **基本概况**

　　阿拉伯联合酋长国（The United Arab Emirates），简称"阿联酋"（Arab Emirates）。阿联酋位于阿拉伯半岛东部，北濒波斯湾，海岸线长734千米。西北与卡塔尔为邻，西部、南部与沙特阿拉伯交界，东部、东北部与阿曼毗连。政治体制为贵族共和制。首都为阿布扎比（Abu Dhabi），也是阿联酋第一大城市。

　　阿联酋属热带沙漠气候，夏季（5月—10月）炎热潮湿，气温40℃—50℃，冬季（11月至次年4月）气温7℃—20℃，偶有沙暴。平均降水量约100毫米，降雨多集中于1—2月。

　　阿联酋国土面积约为8.36万平方千米，全国人口数量约为930万（2018年），外籍人口占88.5%，主要来自印度、巴基斯坦、埃及、叙利亚、巴勒斯坦等国。居民大多信奉伊斯兰教，多属逊尼派。阿拉伯语为官方语言，通用英语。

经济简介

　　阿联酋是一个以产油著称的西亚沙漠国家，被誉为"沙漠中的花朵"。阿联酋石油和天然气资源非常丰富，已探明石油储量约130亿吨，天然气储量6.1万亿立方米，均居世界第七位。阿联酋经济结构以石油生产和石油化工业为主。工业还包括天然气、炼铝、塑料制品、建筑材料、服装和食品加工等工业。农业主要种植椰枣、玉米、蔬菜、柠檬等。目前，阿联酋粮食主要依赖进口，渔产品和椰枣可满足国内需求。畜牧业规模很小，主要肉类产品依赖进口。近年来大力发展以信息技术为核心的新经济和知识经济。阿联酋的银行业和对外贸易发展迅速，成为经济的重要组成部分。近几年来，阿联酋旅游业发展较快，主要景点为阿拉伯塔酒店、哈利法塔、棕榈岛、迪拜国家博物馆、阿布扎比滨海大道、艾恩文化遗址等。

　　阿联酋主要出口石油、天然气、石油化工产品、铝锭和少量土特产品；主要进口粮食、机械和消费品等。

　　阿联酋货币为阿联酋迪拉姆（Dirham）。

商务交际

由于在阿联酋的经贸领域西方国家人士较为集中，且大多担任要职，商务洽谈时主要按照国际贸易标准和惯例与之洽谈。如果项目经理是英国人，可以聘请一位英国人公关。

阿联酋以伊斯兰文化为尊，和其他阿拉伯国家关系密切。阿联酋虽然是伊斯兰国家，信仰伊斯兰教，但国家实行对外开放，政策较开明，对外国人在国内的衣食住行等方面没有太多的限制。某些超级市场的指定区域甚至可以售卖猪肉，基本能满足阿联酋各国人士的需求。

在正式场合，宜穿保守式样西服。拜访政府办公厅及大公司须提前预约。参与政府机构的投标时，得通过当地的代理来进行。要设立公司时，也需有当地的担保人出面。

阿联酋商人不喜欢与派驻在沙特阿拉伯或其他国家的商务代表谈判。他们希望直接和制造厂商打交道。为了节省成本，可以在阿联酋指定一家代理进口公司。

当地无论是商人，还是一般百姓，都比较喜欢购买品牌商品。

大型活动一般是男、女分开。如有阿拉伯女士在场，一般不与男士握手，男士对其点头微笑打招呼即可，不可显得太过热情。如有女士主动伸手，方可与其握手。在活动中，男女可以交谈。待人接物方面，比如送东西给他人、端水递茶，或者是接别人递送过来的东西时一般用右手。

下班以后，当地商人喜欢到咖啡店聚坐。该地无夜总会，熟人之间或者商务晚宴总是在对方家中进行。应邀至阿联酋商人家做客的往往只有男性，如果关系很好，国籍、习惯相同，主人也可能请客人全家吃饭，但女客到时一般只在单独的客厅由女主人陪同，而不会男女混合入座。

在与阿联酋人交往中，与男士谈话时不能主动问及其妻子的情况。与女士交往，只能简单问候几句，不能单独或长时间与之谈话，更不能因好奇盯着她们的服饰看，也不要给她们拍照。

阿联酋当地的节假日较多，还有长达一个月的斋月。虽然斋月期间依旧工作，但是办事效率比平常低。政府机构和绝大多数的公司都会把下班时间提前到下午两点半左右，因此到阿联酋访问或做生意、办展览，要注意避开当地的节假日。斋月期间女士们要尽量穿长袖衣服和长裤，不宜太暴露。

外商进关时，本人自用的酒，限带一瓶，但两瓶以上的酒或是犹太人企业的产品，如可口可乐等，不能通关。

阿联酋的国教是伊斯兰教，绝大部分居民是穆斯林。阿联酋实行政教合一，对其他宗教人士奉行信仰自由的政策。在中东伊斯兰国家中，阿联酋的宗教政策最为开放，全国范围内，特别是迪拜，除数量众多随处可见的大大小小的清真寺外，也有基督教和天主教的教堂，甚至还有为数不多的印度教的神庙以及一座佛教寺庙（位于加尔忽德区），但是禁止伊斯兰教以外的宗教公开宣教。

爱好与禁忌

阿联酋是伊斯兰国家，对含猪肉的食品及酒精类饮料有严格限制。伊斯兰教徒不吃猪肉、不饮酒。对他们来说，喝酒是直通罪恶之路。穆斯林每天须做5次礼拜，无论是在办公室、家中还是在飞机上。做礼拜是一件十分严肃的事情，旁人不得与其谈话，更不得开玩笑。斋月期间，从日出后到日落前，禁止在公共场所和大街上喝水、吸烟和吃东西。

阿联酋法律明确禁止对政府机构、王宫、军事安全要地、外国驻阿使领馆等设施拍照，对违反者处罚极其严厉，可能被拘留数月，严重者甚至被驱逐出境。外出时请密切留意"禁止拍照""禁止进入"等警示标志，避免误拍、误入。

尊重他人隐私，未征得对方同意前，切勿随意对他人拍照。

外国人可在指定的宾馆、商店购酒自饮，其他任何公共场所均不许喝酒。

教育简况

阿联酋重视培养科技人才，实行免费教育制，倡导女性和男性享有平等的教育机会。阿联酋十分重视教育，在教育方面的投入较大。整个阿联酋的国土面积虽然不大，但拥有100余所大学，包含公立、私立院校和著名大学的分校。2017年，阿联酋教育部在阿联酋政府年度大会上推出了《2030国家高等教育战略》，旨在建立和完善科学和职业教育的最高标准。2000年1月开始，阿联酋的基础教育分为小学教育阶段（1—5年级）和初中教育阶段（6—9年级），且均为义务教育。中等教育由普通中学和技术学校提供，大学和高等技术学院则提供高等教育。

阿联酋共有三种大学，一是由阿联酋联邦政府管理的联邦政府大学，属公立大学，学生接受免费教育；二是由各酋长国管理的酋长国政府大学，由高等教育和科学研究部负责学位认证；三是私立大学，包括阿联酋本土的私立大学和国际私立大学。

阿联酋著名的大学有阿布扎比大学、阿曼理工大学、沙迦美国大学、迪拜大学、沙迦大学等。

卡塔尔国

基本概况

卡塔尔国（The State of Qatar），通称"卡塔尔"（Qatar），是亚洲西南部的一个阿拉伯国家。卡塔尔是地处阿拉伯半岛东部的一个半岛国家，绝大部分领土均被波斯湾围绕，仅南部疆域与沙特阿拉伯接壤。卡塔尔虽然仅有约1.1万平方千米的国土，却有约为550千米的海岸线，战略位置重要。政治体制为君主专制政体。首都为多哈（Doha），也叫贝达。多哈是卡塔尔第一大城市和政治、经济、交通和文化中心，也是波斯湾著名港口之一。

卡塔尔全境多平原与沙漠，西部地势略高。属热带沙漠气候，炎热干燥，沿岸潮湿。四季不十分明显，4—10月为夏季，是一年中最长的季节；7—9月气温最高，可达45℃，冬季凉爽干燥。年平均降水量仅125毫米。

卡塔尔国土面积约为1.15万平方千米，全国人口数量约为276万（2018年），其中卡塔尔公民约占15%。外籍人主要来自印度、巴基斯坦和东南亚国家。阿拉伯语为官方语言，通用英语，居民大多信奉伊斯兰教。

经济简介

卡塔尔拥有丰富的石油和天然气资源，天然气的总储量为全世界第三名。石油、天然气是卡塔尔的经济支柱。政府大力投资开发天然气，将其作为经济发展的重中之重。地下水源贫乏，农牧产品不能自给自足，粮食、蔬菜、水果、肉蛋奶等主要依赖进口，只有鱼、虾类海产品产量可基本满足本国需求。工业主要为石油和天然气工业及能源密集型工业，包括炼油厂、石化工厂、化肥厂、钢铁厂和水泥厂、造纸厂、洗涤剂厂、颜料厂、食品厂和塑料厂等。

卡塔尔是世界第一大液化天然气生产和出口国。卡塔尔主要出口石油、液化气、凝析油合成氨、尿素、乙烯等商品；主要进口机械和运输设备、食品、工业原材料及轻工产品、药品等商品。主要贸易伙伴有美国、日本及西欧国家。

卡塔尔货币为卡塔尔里亚尔（Qatari Rial）。

 **商务交际**

卡塔尔是酋长国（相当于王国），凡是统治者阿勒萨尼家族的人，在名字前均冠以"谢赫"（女士称"谢哈"），类似于中国清朝的亲王。国家元首不称"国王"，而称为"埃米尔"；人们对埃米尔不称"陛下"，而是称"殿下"；对副埃米尔即王储也称"殿下"。卡塔尔人平时以"先生""女士""小姐"相称。

卡塔尔人见面时有拥抱和亲脸的习俗，亲朋好友久别重逢或出远门，会热烈拥抱并吻脸三下（仅限于同性之间，男的为左、右、左；女的为右、左、右）。对外宾，初次见面一般用握手表示欢迎，但男士一般不与女士握手。

到卡塔尔人家中做客或到机关企业参观，主人一般先用阿拉伯咖啡招待客人。装咖啡的是专用的壶和小杯子，倒咖啡的人身穿传统民族服装，手里仅拿3—5个杯子。如果客人多，一般是前边人用毕，后边的人接着用，不再刷洗。每次倒的咖啡量不多，仅有杯子容量的三分之一左右。客人喝过后如不想再喝则要左右摇动杯子，否则主人还会往杯中续加，直到客人摇动杯子为止。不过，随着时间的推移，这一习惯现在已不那么严格。客人如不想再喝，摆手表示也可。

卡塔尔在与客人交谈时一般喜欢直视对方，认为这样是尊敬客人的表现。他们待客十分热情，每逢宾客临门，总要为客人煮香浓的咖啡，有时咖啡中会加入半叶芬香的桂花、豆蔻或滴血玫瑰水。

在社交活动中要注意礼节风度。卡塔尔人喜欢以金色的钢笔作为礼品互赠。

卡塔尔青年的婚姻一般由家长决定。婚礼通常持续两个星期，男女分开庆祝，各自款待亲友。

 **爱好与禁忌**

卡塔尔人喜欢吃蔬菜沙拉、奶酪和腌制橄榄等，中东特产胡姆斯酱是每餐必备。正餐主要有饼子、烤肉、烤鱼等。卡塔尔人还爱吃甜食，每餐必不可少。公共餐馆严格禁酒，但一些五星级酒店内可提供啤酒、葡萄酒、威士忌等。

穆斯林不食未按伊斯兰方式屠宰的动物和自死动物及其血液，也不食奇形怪状或无鳞的水产动物，不吃反刍的陆地动物。

卡塔尔人严禁饮酒，不吃猪肉，同时也忌用猪的形象作为装饰图案。

穆斯林女士一般都深居简出，如外出须戴上盖头或面纱。伊斯兰教认为女士全身除手外，都是羞体，而男士窥见陌生女士的面容，则被认为是不吉利的事，

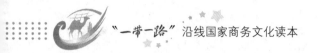
因此戴面纱就成了该国女士的一大特征。卡塔尔女士一般从小就不剪头发。

教育简况

卡塔尔政府重视发展教育事业，实行免费教育，为成绩优异的学生提供留学深造机会，并提供奖学金。卡塔尔选派留学生到美国、欧洲及其他阿拉伯国家学习，并与美国合建大学教育城，多所世界名校已在城内设立分校。

21世纪，卡塔尔请美国兰德公司为其幼儿园到高中的整个12年教育体系量身打造了符合卡塔尔背景的新教育模式，即由国家投资建立独立模式学校，坚持四个基本原则：自治权、问责权、多样性和选择性。该教育体系包括1—2年的学前教育、6年的小学教育和3年的预科学校。完成这一阶段教育之后，学生可以进入普通中学、商业或技术中等学校进行学习。2003年卡塔尔政府成立"教育最高理事会"，负责国家教育政策的宏观调整和实施。理事会下属机构有教育部、评估部、高教部，分别负责对独立学校的监管和教材更新、定期评估并将结果向社会公示、协助沟通和提供建议等工作。2004年，卡塔尔的第一批独立学校模式的12所学校开始招生。2010年将小学、中学、高中基础教育的公立学校转为独立学校模式。

卡塔尔著名的大学为卡塔尔大学。同时，在卡塔尔基金会的支持下，许多美国大学也在卡塔尔教育城建立了分支机构，开设专修课程，如卡内基梅隆大学、乔治城大学、德州农工大学、弗吉尼亚联邦大学、康奈尔大学等。

科威特国

 **基本概况**

科威特国（The State of Kuwait），通称"科威特"（Kuwait），位于亚洲西部阿拉伯半岛东北部和阿拉伯湾西北岸。科威特与沙特、伊拉克相邻，东濒波斯湾，同伊朗隔海相望。政治体制为二元制君主立宪制。首都科威特城与国名相同，位于科威特湾南岸，是阿拉伯半岛东岸最主要的深水港，也是全国政治经济中心。

科威特海岸线长约290千米，有布比延、法拉卡等9个岛屿，水域面积约为5625平方千米。大部分土地为沙漠，地势较平坦，境内无山川、河流和湖泊，地下淡水贫乏。科威特属热带沙漠气候，5至11月为夏季，干旱无雨，平均气温45℃，最高气温达51℃；12月至次年2月为冬季，平均气温8℃。年降水量在22—352毫米之间。

科威特国土面积约为1.78万平方千米，全国人口数量约为443万（2018年）。其中科威特籍人约占30%，其他为外籍侨民，主要来自印度、埃及、孟加拉国、斯里兰卡等国。阿拉伯语为官方语言，通用英语。伊斯兰教为国教，约95%的居民信仰伊斯兰教。

经济简介

科威特石油、天然气储量丰富。石油是科威特财政收入的主要来源，是国民经济的支柱。政府重点发展石油石化工业，同时强调发展多种经济，减轻对石油的依赖程度，不断增加国外投资。工业以石油开采业和石油化工为主。科威特的气候不利于发展农业，农牧产品绝大部分都需进口。渔业资源丰富，盛产大虾、石斑鱼和黄花鱼。

对外贸易在科威特经济中占有重要地位。出口商品主要有石油和化工产品，石油出口约占出口总额的95%；进口商品有机械、运输设备、工业制品、粮食和食品等。

科威特货币为第纳尔（Dinar），辅币为菲尔斯（Fils）。

商务交际

科威特人施握手礼，并同时说"凯衣服·哈拉克"（身体好）。为了表示尊敬，除握手外，有时还要吻鼻子和额头。与亲朋好友相见时，一般习惯使用拥抱礼和亲吻礼，拥抱时相互亲吻对方的双颊，但这种礼节仅限于男性之间。

互赠的名片，最好印有阿拉伯文。

正式场合宜穿保守式西装，参加商务活动最好于11月至次年4月天气凉爽时前往。当地假日年年不同，行前宜先查询。

科威特人待人友善，感情真挚，乐于同朋友亲密无间。一般在走路时，习惯拉着友人的手并肩而行。他们认为这样更亲近友好。

拜会政府机关或大公司，须先预约。他们有守时的良好习惯，对事先安排好的约会须准时赴约。和其他中东国家一样，每次见面，都会喝土耳其咖啡。

当地商人不喜欢从沙特阿拉伯等邻国派来的商务代表，而倾向于直接与制造商打交道。

当地商人最喜欢谈论的话题是动物中的猎鹰和马。

当地商人邀请赴宴的对象一般全是男性。赴宴时最好带上一份礼物，但不要送其妻子任何礼物，也不要询问其妻子小孩等私事。

科威特人用餐时习惯席地而坐，用手取食。

受宗教的影响，科威特青年男女的婚事也多具有宗教色彩。通常，结婚须由男女双方的父辈操办，由媒人说和而成。婚礼通常要举行十天，前七天在女方家，后三天在男方家，故有人称之为马拉松似的婚礼。

爱好与禁忌

在科威特，伊斯兰教法渗透在社会生活的各个方面，影响着人们的日常生活。

他们禁食猪肉、禁止饮酒和含酒精的饮料，贩卖者最高可处死刑。虽然社会环境较为宽松，但女性外出时仍不能穿着过分暴露。

鱼是科威特人的重要生活食用品。

斋月期间禁止在公众场合抽烟、饮水和进食，违者拘禁至月终为止。

公共场合禁止过分亲密。

按照当地风俗习惯，不要主动与阿拉伯妇女攀谈、照相等。

科威特严禁未婚同居等行为。不论任何国籍人士，未婚先孕者，子女均得不到合法认可，很难取得出生证明。

 **教育简况**

科威特政府十分重视教育。教育被视为社会制度、文化、经济和社会构建的基本工具。宪法规定，教育权是科威特公民的基本权利。

2003年，科威特将学制调整为5—4—3，即小学教育的时间改为5年（1—5年级），初中4年，高中3年。科威特基础教育包括高中都是义务性的，儿童的入学年龄为6岁。当前，科威特的教育体系从学前阶段开始，入学年龄通常是4岁，学前持续时间是两年，且是非义务性的。科威特大学层面的教育，完成学士学位需要4年，但工程专业需要9—10个学期，医学需要7年甚至更长的时间。

科威特的大学数量不多，现只有一所科威特公立大学。

巴林王国

巴林王国（The Kingdom of Bahrain），简称"巴林"（Bahrain），是位于波斯湾中部的岛国，介于卡塔尔和沙特阿拉伯之间，距沙特阿拉伯东海岸约为24千米，卡塔尔西海岸约为28千米。由36个大小不等的岛屿组成，群岛中有6个主要岛屿，最大的是巴林岛。政治体制为二元制君主立宪制。首都为麦纳麦（Manama），是全国第一大城市，也是全国经济、交通、贸易和文化中心，同时还是海湾地区重要的金融中心、重要港口及贸易中转站，享有"波斯湾明珠"的美誉。

巴林诸岛地势低平，主岛地势由沿海向内地逐渐升高，最高点海拔135米。属热带沙漠气候，夏季炎热，7—9月平均气温为35℃；冬季温和宜人，11月至次年4月气温15℃—24℃之间。年平均降水量77毫米。

巴林国土面积约为767平方千米，人口数量约为150万（2017年），本国人口约67.7万，占45%；外国人口约82.3万，占55%。约85%的居民信奉伊斯兰教，其余信奉基督教、犹太教。阿拉伯语为官方语言，通用英语。

经济简介

巴林早期为海湾地区采集珍珠和贸易的中心。当地人民主要靠采集珍珠、捕鱼、经商生活。巴林也是海湾地区最早开采石油的国家。2010年巴林开始向多元化经济发展，建立了炼油、石化及铝制品工业，大力发展金融业，成为海湾地区银行和金融中心。工业主要有石油和天然气开采、炼油和炼铝业、船舶维修等。主要农产品有水果、蔬菜、家禽、海产品等。前往巴林旅游的游客多数来自阿拉伯国家，近几年来世界各地的旅客也日益增多，其中每年于巴林国际赛道举办的一级方程式赛车巴林大奖赛吸引了越来越多的外国游客。巴林融合了现代阿拉伯文化和五千年历史的考古遗产，拥有许多古堡垒，如阿拉德古堡，此外还有许多博物馆，如巴林国家博物馆、古兰经之屋、石油博物馆等。此外，潜水、骑马及观鸟（主要在侯瓦尔群岛）等旅游活动在巴林也较为盛行。

巴林主要进口产品为非球团铁矿、氧化铝、四轮汽车、金锭，主要进口来源国为中国、美国、阿联酋、沙特；主要出口产品为球团铁矿、铝线、未锻轧铝合金，主要出口目的地为沙特、阿联酋、美国、印度等国。

巴林货币为巴林第纳尔（Bahrain Dinar）。

商务交际

巴林人在社交场合与客人见面时，习惯先向客人问候，首先说"撒拖泥带水姆，阿拉库姆"（您好），然后施握手礼，并同时说"凯伊夫，哈拉克"（身体好）。他们在与亲朋好友相见时，习惯施拥抱和亲吻礼（即拥抱的同时与客人相互亲吻面颊，但仅限于男性之间）。

巴林人注重人际交往，遵守伊斯兰教律规定。同他人谈话时要面对对方，语言要文明、优美，说话要低声，待人要和颜悦色，切忌粗暴。讲究衣着规矩。在社交场合一般行握手礼。

握手、敬茶、递物时均要用右手，用左手会被视为不礼貌。

冬天访问时，宜穿保守式样的西装。访问均须事先预约，巴林人时间观念较强，有按时赴约的传统。按照当地的商业习惯和上班时间，政府机关实施一班制（7—13时），星期五休假。要注意拜会时间的安排。

到巴林访问的商人宜持英文、阿拉伯文对照的名片。

巴林为伊斯兰教国家，官方会见无特殊礼仪。男士一般着正装，女士着装应该大方得体，无须穿黑袍、戴头巾。与女士见面时，男士一般不主动握手。正式宴请时的饮食均为清真食品，无猪肉食品和酒精饮料。

和其他中东国家一样，前往巴林洽谈生意，须有礼貌和耐心。推销产品时姿态要放低。巴林人喜欢直接谈生意，不要派遣在沙特阿拉伯或其他邻国的商务代表代为洽谈。

巴林人在迎送宾客时，乐于同客人并肩而行。为了表达亲密情感，他们往往还要同来访客人拉着手一起走路。这是阿拉伯人的一种表达热情、友好、礼貌的特殊风俗习惯。

巴林人为人实在，讲究义气，慷慨大方，喜欢交友。客人一旦夸奖和赞赏他们的某种东西，他们一定会把受赞美的东西送给客人。若客人不接受，他们可能会有不悦的情绪。

在巴林，想与对方见面必须事先约好，主人不邀请不能去家里拜访，贸然到访属于不礼貌的行为。在巴林人家中做客，在饭桌上吃得越多，主人会越高兴。

爱好与禁忌

巴林伊斯兰教徒恪守教规，禁止饮酒，禁食猪肉，也不吃一切怪形食物。忌讳使用猪制品，忌讳谈论猪。伊斯兰教对饮食有严格的规定，不食狗、马、驴、鸟类及没有鳞的水生动物，不食用非经伊斯兰方式宰杀的动物，也禁食动物血液制品。

忌讳以酒、女士照片或女士雕塑为礼品相赠。

忌讳当众接吻，若被发现，轻则罚款，重则判刑。

伊斯兰教徒每天要做5次礼拜，星期五和伊斯兰重大节日在清真寺集体做礼拜。伊斯兰教历9月为斋月，每天日出前一个半小时至当天日落期间禁止饮食，不准吸烟，禁止餐饮业在斋戒时间营业，也禁止任何人在公共场所公开饮食。

教育简况

20世纪前，巴林教育的唯一形式是朗诵《古兰经》的学校——母阿里穆，英文为"Muallem"，源自阿拉伯语，意为老师所在的地方。因此当时的学校就是为了培养儿童和青年人朗诵伊斯兰教的圣经书《古兰经》而建立的。

巴林实行免费教育和普及9年一贯制的基础教育制度。当前，巴林王国采用的教育体制是6—3—3，即6年初级教育、3年初中教育和3年高中教育。残疾孩子可以进入特殊学校学习。巴林的教育宗旨是普及和完善教育种类，提高教学水平。巴林还是海湾阿拉伯国家中最早拥有女子学校的国家，也是中东海湾地区受教育程度最高的国家。

巴林主要的大学有巴林大学和阿拉伯海湾大学等。

希腊共和国

基本概况

　　希腊共和国（The Hellenic Republic），简称"希腊"（Greece）。希腊位于巴尔干半岛最南端，北同保加利亚、马其顿、阿尔巴尼亚相邻，东北与土耳其的欧洲部分接壤，西南濒爱奥尼亚海，东临爱琴海，南隔地中海与非洲大陆相望。政治体为议会共和制。首都为雅典（Athens）。

　　希腊海岸线长约为15021千米，领海宽度约为6海里。属亚热带地中海气候，冬季温湿，夏季干热。冬季平均气温0 ℃—13 ℃，夏季平均气温23 ℃—41 ℃。年平均降水量400—1000毫米。

　　希腊总面积约为13.2万平方千米，其中15%为岛屿，有1500多个岛屿，四分之三为山地，沿海有低地，多曲折港湾，河流短急。全国人口数量约为1079万（2018年），98%以上为希腊人，其余为穆斯林及其他少数民族。官方语言为希腊语，英语使用较为广泛。东正教为国教。

经济简介

　　希腊矿产资源有石油、天然气、铀、铁、铬、铝土、重晶石（硫酸钡）、锌等。水力资源丰富。海运业、旅游、侨汇是希腊外汇收入的三大支柱。希腊农业较发达，主要种植甜菜、烟草、棉花、橄榄、葡萄、柑橘和西红柿等。柑橘、柠檬和葡萄等种植广泛，主要产区在伯罗奔尼撒半岛、克里特岛和马其顿等地。橄榄油除能满足国内需求外，出口量较大。畜牧业以饲养牛、羊为主。家禽业因饲料短缺，发展较慢。渔业以近海捕捞为主，海绵是唯一的出口海产品。工业制造业较落后，主要以食品加工和轻工业为主。希腊的旅游业发达，主要旅游景点为爱琴海、雅典卫城、克诺索斯遗址、阿波罗伊壁鸠鲁神庙、曼代奥拉、迈锡尼和提那雅恩斯的考古遗址、阿索斯山等。

　　希腊主要出口商品为食品、烤烟、石油产品、纺织品、橄榄油、水泥等；主要进口商品为原材料、石油及石油产品、天然气、日用品和交通运输设备等。主

要贸易伙伴是德国、意大利、英国、保加利、俄罗斯和中国等国。

希腊货币为欧元（Euro）。

商务交际

希腊人见面时，常施握手礼，较为熟悉的朋友、亲人之间一般行贴面礼。对长辈用尊称并优先招待。如果希腊人邀请您一起用餐或喝咖啡，最好不要拒绝。

希腊人注意着装整洁。在正式社交场合，男士通常穿深色西装，打领带或系领结。

拜访政府机关或参观企业、工厂时，须事先预约。希腊商人比较有幽默感，爱开玩笑。

希腊人以其历史、古迹、哲学、艺术、政治为荣，交谈时可多提及。但谈话应避免谈及希腊国内政治以及希腊和塞浦路斯的关系，以免使自己陷入失言的困境。

每年的9月至次年5月比较适宜商谈，而圣诞节前后两周、希腊正教复活节前后一周及每年的7月至8月为度假时期，均不宜商务拜访。

按希腊的商业习惯，夏季（5—10月）期间，很多公司的上班时间是早上7点到下午3点，约会要提早一点。当地生意人所讲的现金支付，是指D／P（付叙交单），而非L／C（信用证）。因此，为了避免误会起见，付款方式要明确表示。谈话中，务必要静待对方把话讲完，不要轻易打断。除非必要，不要随便提问。

希腊人尊重年长者，与他们交谈最好用尊称。年长者在希腊比较有权威，年轻人一般都要谦让年长者。

希腊人待人真诚。与希腊人打交道时，不要轻易对他们的物品高度赞赏，否则他们会执意把这件东西送给您。如果应邀到希腊人家中做客，可给女主人带上一束鲜花或一盒蛋糕。

希腊人家庭观念较强。无论在农村或城市，人们都习惯于同家人一起经营，因而由一个家庭经营的企业在希腊十分普遍。家庭企业的负责人一般就是这个家庭的家长，而妻子、儿女或儿媳、女婿则是企业的从业人员。若遇企业人手不足，还会邀请其他亲戚帮忙。

在希腊，冬季的午休时间通常是14点到17点，夏季为13点到17点。在这段时间内，不要轻易给他们打电话，以免打扰到他们。

在希腊，禁止邮寄药品，有制造厂商包装说明和药房处方的药品除外。外币入境不限，但须事先申报数额，方可如数携入。另外，对电器制品的通关检查十分严格。

希腊人斜着脖子表示肯定，仰头表示否定。

 **爱好与禁忌**

希腊人在饮食上习惯吃西餐，口味喜清淡，不爱油腻。他们往往爱吃干炸的食品，如干炸鸡、鸭、鱼、虾等。一年四季都十分喜爱饮冰水。希腊人喜爱蓝白相配以及鲜明的色彩，禁忌黑色。

大部分希腊人喜欢吸烟。

注意手掌心不可向着人。

在希腊拍照时，不能随意立三角架进行拍摄。希腊规定，立三角架进行拍摄，必须获得官署的准许。希腊名胜古迹众多，国家不允许未纳税的职业摄影师随意承揽拍照生意，不允许他们印售风景明信片。

进教堂或修道院参观时必须穿戴得体。不论男女，裸露着肩膀与膝盖进教堂被认为是对神的不虔诚与亵渎。

教育简况

希腊是欧洲文明的摇篮，其高等教育在哲学、美术、法律等方面历史悠久，颇有建树。希腊的教育体制与中国基本相似，同样实行分支型学制，包括学前教育、小学、初中、高中和大学。学校也分为公立与私立两大类型。

当前，希腊实行9年义务教育制度，公立中小学免费，大学实行奖学金制。希腊的《宪法》明确规定教育权是作为公民的基本权利。希腊的教育从学前阶段（2个月到5岁）开始，由儿童和婴儿中心、日托中心或托儿所提供。小学教育持续6年，包括1—6年级，实行免费制度。初中教育和高中教育各3年，高中夜校为14岁以上的学生提供职前教育培训。

希腊教育主管部门为希腊国家教育与宗教事务部，其高等教育机构主要分为大学类、技术类两类。希腊另有一类由本国私立教育机构与国外院校合作成立的学校。这些学校在希腊国民经济部和财政部注册为学院（college）或教育培训公司，教学条件、教育水平和师资力量不一，不在希腊国家教育与宗教事务部的管辖范围之内。

希腊著名的大学有雅典大学、萨洛尼卡大学、克里特大学、佩特雷大学、雅典工学院等。相较而言，希腊的高等教育水平比其他西欧国家低，部分学生选择到西欧国家接受高等教育。希腊也有一些欧美的大学开设的分校，直接沿袭英美等国的教育模式，均采用英语授课。学生若成绩达到要求，最后一年有机会去这些大学的本部就读。

塞浦路斯共和国

　　塞浦路斯共和国（The Republic of Cyprus），简称"塞浦路斯"（Cyprus），是位于欧洲与亚洲交界处的一个岛国，处于地中海东部，扼亚、非、欧三洲海上交通要冲，为地中海第三大岛。现代人把它比喻为"东地中海不沉的航空母舰"，是女神维纳斯的故乡。政治体制为总统共和制。首都为尼科西亚市（Nicosia）。

　　塞浦路斯海岸线长约为537千米。北部为狭长山脉，多丘陵；西南部为山脉，地势较高；中部是肥沃的美索利亚平原。岛上无常流河，只有少数间歇河。属亚热带地中海型气候，夏季炎热干燥，平均气温28℃—35℃；冬季温和湿润，气温4℃—10℃。

　　塞浦路斯国土面积约为9251平方千米。全国人口数量约为94.9万（2017年），其中希腊族约占71.8%，土耳其族约占9.5%，外籍人约占18.7%，塞浦路斯政府实际控制区域人口83.89万。主要语言为希腊语和土耳其语，通用英语。希腊族信奉东正教，土耳其族信奉伊斯兰教。

经济简介

　　塞浦路斯为传统的农业国，重视旅游业的发展。人民相对富足，人均国内生产总值高于欧盟平均数。塞浦路斯工业主要包括食品加工、纺织、皮革、木材、金属、机械、运输、电力、光学、化工等。塞浦路斯对外出口最多的农产品为柠檬、土豆和奶酪等。金融、保险、服务等行业也较为发达。旅游业是国家外汇收入的主要来源和拉动经济增长的支柱产业。主要旅游景点为希腊美神、爱神之岛、断臂美人的故乡、考古博物馆等。

　　塞浦路斯主要出口商品为医药用品、柑橘、服装、奶酪、酒类及部分轻工产品和农产品；主要进口矿产品、机械、运输设备、贱金属及其制品、化学工业及相关工业产品等。

　　塞浦路斯货币为欧元（Euro）。

商务交际

塞浦路斯人喜好交际，待人诚实热情，不讲究繁文缛节，只要您表示好意，对方也会礼貌回应。一般情况下，见面时轻轻握手，有时也点头致意并辅以手势以示友好，但久别重逢的亲友往往行握手礼和拥抱礼。

被人引荐后，宜互相交换名片。

塞浦路斯人请您吃饭，最好不要拒绝。去对方家里做客，可带些小礼品，如食品或鲜花。接受对方宴请后，宜回请，但规格不宜太高。

塞浦路斯人不喜欢通过私人感情加强公务联系，从而促成商务往来。

塞浦路斯人崇尚文明，注重谈吐和行为举止得体。日常生活中，较少见到他们边走路边吃零食、边奔跑边大喊大叫的现象。

参加晚宴时，忌讳不系衣扣，也不可以随便脱上衣。男士请有伴侣的女士跳舞时应先征求女士旁边的丈夫或恋人的同意。

塞浦路斯人的婚姻有久远的传统，求爱时小伙子必须向姑娘唱一首"百句情话"求爱歌。歌词很长，小伙子必须熟练歌词，唱得动听才能打动姑娘的心。结婚的日子偏好月圆后的第一个星期日。婚礼中最具特色的是装填床垫礼，7—9个已婚年轻女士坐在草席上，在乐队伴奏下用红线缝褥子。缝好后，主婚人抱来一个漂亮的小男孩，把他包在新褥子里，朝四面八方转一圈，以祝愿新人早生贵子。褥子铺到床上时，下面放一把张开的剪刀，以祛邪恶和谗言。

结婚仪式在教堂举行，新人们骑着马由亲友陪同从各自村子走向教堂，人们向他们抛撒棉籽、豆子和小铜钱，祝愿他们幸福美满。教士为他们祈祷，新人交换戒指，接受祝福。在婚礼的第三天，人们一起跳舞狂欢，将婚礼推向高潮。新婚夫妇一般住在新娘陪嫁过来的房子里，不与双方父母居住。

爱好与禁忌

塞浦路斯人喜爱蓝、浅蓝、黑、白、黄等颜色。

日常生活中，喜好吃烧烤（烤肉、烤鱼）。饮食多以烧烤为主；饭后常以一种用水果、果皮等经过糖、蜂蜜腌制的半蜜饯甜点款待宾客。喜饮咖啡，大多咖啡馆全天营业。

塞浦路斯人喜好跳舞，节假日社区常举行希腊族舞蹈节目表演或舞会。假日喜欢远足、野炊、打猎等户外活动。

塞浦路斯严禁出口古物，即使是在沙滩或荒地上捡到的物品也不例外，除非这些物品已得到塞浦路斯博物馆的许可证，方可出口。

同当地的希腊族和土耳其族交谈时，不宜谈论婚姻习俗和宗教问题。

教育简况

塞浦路斯是英联邦国家，受过高等教育的人数占总人口的比例较高。塞浦路斯沿用的是纯粹的英式教育——实行12年义务教育，即小学教育6年、中学教育6年。塞浦路斯的公立小学和初高中以希腊语教学为主，私立的则基本为英语教学。塞浦路斯公立学校是免学费的；而私立学校则不论国籍，一律由学生自己承担学费。

塞浦路斯实行小学和初中的义务教育，近50%的高中毕业生升入本国高等专科学校，其余到国外留学。专科学校主要根据本国特色，开设旅游、酒店管理以及MBA等课程，其文凭被欧洲国家认可。塞浦路斯高等教育分公立与私立两种。公立高等教育由公立大学和公立高等职业院校组成，私立高等教育由私立大学、私立学院和私立高等职业院校组成。在塞浦路斯，大学可提供高等文凭（3年）、学士学位（4年）、硕士学位（18个月到2年）和博士学位（1—3年）课程。塞浦路斯多数私立高等学校以专科教育为主（学制2年），少数有本科教育（学制4年）。其中部分私立高等学校以招收外国学生为主，有的全招外国学生。根据塞浦路斯法规，禁止外国留学生打工，违反者将被遣返。

塞浦路斯大学的国际化程度较高，与英美等国的许多大学互认学分和学位，学校之间相互转学也不受限制。剑桥、牛津等世界百年名校在塞浦路斯也都设有考试中心。

阿拉伯埃及共和国

基本概况

阿拉伯埃及共和国（The Arab Republic of Egypt），简称"埃及"（Egypt）。埃及地跨亚、非两洲，隔地中海与欧洲相望，大部分位于非洲东北部，只有苏伊士运河以东的西奈半岛位于亚洲西南部，西与利比亚为邻，南与苏丹交界，东临红海并与巴勒斯坦、以色列接壤，北临地中海。政治体制为总统共和制。首都为开罗（Cairo），是埃及最大的城市，也是非洲及阿拉伯世界最大的城市，是整个中东地区的政治、经济、文化和交通中心。

埃及的尼罗河三角洲和北部沿海地区属亚热带地中海气候，1月平均气温12℃，7月平均气温26℃；年平均降水量50—200毫米。其余大部分地区属热带沙漠气候，炎热干燥，沙漠地区气温可达40℃，年平均降水量不足30毫米。每年4—5月间常有"五旬风"，夹带沙石，农作物受损较大。

埃及海岸线长约2900千米，尼罗河纵贯南北，全长约6700千米，在埃及境内长约1530千米。苏伊士运河是连接亚、非、欧三洲的交通要道。国土面积约为100.1万平方千米，境内面积约93%为沙漠。全国人口数量约为1.045亿（2018年），99%的人口集聚在仅占国土面积4%的河谷和三角洲地带。国民主要是阿拉伯人，伊斯兰教为国教。官方语言为阿拉伯语，通用语为英语和法语。

经济简介

埃及是中东人口最多的国家和非洲人口第二大国，也是非洲大陆第三大经济体，在经济、科技领域方面长期处于非洲的领先地位。埃及资源主要有石油、天然气、磷酸盐、铁等。埃及的西奈半岛地下资源丰富，锰矿储量大，还有煤、石膏、云母、粘土、铜、磷酸盐、铁和稀有金属钴、铅、锌等矿产资源。埃及政府把西奈半岛列为优先开发的地区。埃及工业基础较为薄弱，经济以农业为主。尼罗河谷地和三角洲是埃及最富饶的地区，盛产棉花、小麦、水稻、花生、甘蔗、椰枣等农产品，长纤维棉花和柑橘驰名世界。旅游收入是埃及外汇收入的主要来源之一。财政来源除税收外，运河收入、旅游收入、侨汇和石油收入构成埃及国民经济的四大支柱。埃及的主要旅游景点有金字塔、狮身人面像、卢克索神庙、阿斯旺高坝、沙姆沙伊赫等。

埃及主要进口商品是机械设备、电气设备、矿物燃料、塑料及其制品、钢铁及其制品、木材及其制品、车辆、动物饲料等；主要出口产品是矿物燃料、原油及其制品、棉花、陶瓷、纺织、服装、铝及其制品、钢铁、谷物和蔬菜，出口商品主要销往阿拉伯国家。

埃及货币为埃及镑（Egyptian Pound）。

 **商务交际**

在埃及，人们见面或在其他社交场合一般都惯以握手为礼，或施拥抱礼。

埃及人在见面相互打招呼时，常称呼对方为"阿凡提"，意思是"先生""阁下"。路上相遇，一般是年轻者主动问候年长者，步行者问候骑行者，单个人问候多个人。如果是老朋友，特别是久别重逢后，一般会拥抱行贴面礼，即用右手扶住对方的左肩，左手搂抱对方腰部，先左后右，各贴一次或多次。

多数埃及人热情友好，要接受他们提供的茶、咖啡或冷饮，即使不渴也应该喝一小口以示礼貌。当埃及商业伙伴来到您的办公室或旅馆的会议室时，一定要提供一些喝的东西，否则会被认为不礼貌。

开罗堵车比较频繁，因此当地人在车里开会不足为奇。如果遇到埃及人迟到的情况，不要表现出恼怒或不耐烦的情绪。埃及人认为，仅仅因为另一场约会就匆匆忙忙地结束正在进行的会议属于不礼貌的行为。

开始谈生意之前必须充分了解您的商业伙伴，喝咖啡或茶时聊聊与生意无关的话题是打破僵局的好办法。埃及的历史、旅游、食品和纪念碑都是很好的话题，可以谈论家庭，但是不要询问男性商业伙伴的妻子或女儿。交谈中应避免亵渎神灵，不要说黄色笑话，也不要提及性、宗教、政治或中东问题。

交谈时，埃及人希望对方能直视他们。如果对方常常躲开他们的视线，会被视为不尊敬他们。

埃及人热衷于商务谈判，在谈判过程中经常希望对方能在价格和条款方面作出巨大的让步。一些埃及人会以谈判桌上能让对方退让多少来衡量他们的成功度。因此初步定价最好预留足够的议价空间。与埃及人谈判要有耐心，期待他们快速作出决定一般很难实现。

款待客人和接受款待，是和埃及商业伙伴建立亲密关系的重要方式。如果被邀请到埃及人家里赴宴，吃得越多越礼貌。款待埃及人时，也应该不停地邀请他们进餐。他们认为两次拒绝所提供的食物是礼貌性行为，只有第三次拒绝才是真的拒绝。去埃及人家里赴宴时对食物表示赞赏是适宜的，但是不要过多地赞美。对于埃及人来说，和朋友一起轻松地交流要比食物本身重要。

如果被邀请到埃及人家里吃饭，一般送花或巧克力作为礼品；在送礼或收礼时，一定要用双手或右手去接，不能只用左手。

埃及社交活动开始时间较晚，晚宴一般要在晚上十点半或更晚些才开始。

埃及人一般不直接说"不"。他们认为间接而迂回地表达不愉快的心情是更礼貌的行为。

爱好与禁忌

埃及人大多信奉伊斯兰教，禁食自死动物的肉、血液，禁止食用猪肉。

按伊斯兰教教义，女士的"迷人之处"是不能让丈夫以外的人窥见的，即使是同性之间，也不应互相观看。因此女性禁止穿短、薄、透、露的服装。

他们认为右比左好，右是吉祥的，做事要从右手和右脚开始，握手、用餐、递送东西须用右手。

埃及人一般喜欢绿色和白色，把绿色喻为吉祥之色，把白色视为快乐之色。一些埃及人不喜欢黑色和蓝色，认为蓝色是恶魔，黄色是不幸的象征，遇丧事都穿黄衣服。

他们喜欢金字塔型和莲花型图案。禁穿有星星图案的衣服，不喜欢猪、狗等动物。

埃及人大多喜欢数字5，认为5会给人们带来吉祥；也喜欢数字7，因为"安拉"创造世界用了6天的时间，在第7天休息，所以人们办一些重要的事情总习惯采用7。例如很多祷告要说7遍，朝觐者回来后第7天请客，婴儿出生后第7天宴请等等。

埃及人晚餐通常在日落以后和家人一起共享，期间有人约谈生意或公事是失礼的行为。吃饭时一般不与人随意交谈，否则会被认为浪费食物，是对真主的不敬。

教育简况

埃及是世界文明古国之一，教育也有着悠久的历史。始建于公元972年的爱资哈尔大学比牛津大学和剑桥大学还要早200年。尽管近代埃及遭殖民后，传统教育有所破坏，但随着1952年埃及民主革命的胜利，埃及新政府推动大规模办学，教育经费也逐年增加。1963年以后，公立中小学、大学全部实行免费教育制度。

当前，埃及的学前教育即幼儿园是一个独立的教育阶段，教育的对象为4至5岁的孩子，一般持续两年。埃及实行普及小学义务教育制度，义务基础教育从6岁开始，包括初级和预备教育。经过埃及高等教育主管部门认证的公立综合大学有13所，私立综合大学有6所，此外还有专科大学、高等研究生院、高等普通院校、高等技术学校等。根据政府主管部门审核批准，这些院校可向学生分别授予学士、硕士、博士等学位证书。在埃及，每年有为数众多的学生结束普通高中的学习，获得高中同等学历证书，但他们中的大多数无法进入正规高校继续深造。对于这些人，开放教育的政策是，凡获得高中或爱资哈尔大学附中毕业文凭或同等学历（如中等专业学校或技校）5年以上（含5年）者，均可免试加入到远程开放学习的行列中，继续学习感兴趣的专业或相关领域的知识。

埃及著名的大学有开罗大学、亚历山大大学、艾因·夏姆斯大学、爱资哈尔大学等。

印度共和国

基本概况

印度共和国（The Republic of India），简称"印度"（India）。印度又名"婆罗多"。"印度"这个名字来源于梵文"唯有真理得胜"，得名于印度河。印度位于亚洲南部，与巴基斯坦、中国、尼泊尔、不丹和孟加拉国为邻。政治体制为议会共和制。首都为新德里（New Delhi）。

印度全境炎热，大部分地区属于热带季风气候，而西部的塔尔沙漠地区则是热带沙漠气候。印度气候分为旱季（3—5月）与雨季（6—10月）以及凉季（11月至次年2月），夏天时有较明显的季风，冬天受喜马拉雅山脉屏障影响，无寒流或冷高压南下影响印度。

印度国土面积约为298万平方千米（不包括中印边界占区和克什米尔印度实际控制区等）。全国人口数量约为13.24亿（2018年），居世界第二位。印度是一个多民族国家，有十个大民族和几十个小民族，其中印度斯坦族约占46.3%，其他民族有泰卢固族、孟加拉族、马拉地族、古吉拉特族、泰米尔族等。约有80.5%的居民信奉印度教。英语和印地语同为官方语言。

经济简介

印度拥有云母、煤、铁、铝、铬、锰、锌、铜、铅、硫酸盐、黄金、石油等矿产资源，且储量丰富。印度是一个农业大国，主要农产品有稻米、小麦、油料、甘蔗、茶叶、棉花和黄麻等。印度是世界第一大产奶国，也是重要的产棉国和产茶国。山羊、绵羊、水牛数量居世界第一。工业已经形成较为完整的体系，自给能力较高，主要工业包括纺织、食品加工、化工、制药、钢铁、水泥、采矿、石油和机械等。汽车、电子产品制造、航空和空间等新兴工业近年来发展迅速。此外印度在天体、物理、空间技术、分子生物、电子技术等高科技方面都已达到较高水平。印度旅游业发展较快，主要旅游点有阿格拉、德里、斋浦尔、昌迪加尔、那烂陀、迈索尔、果阿、海德拉巴、特里凡特琅等。

印度主要出口商品有珠宝制品、棉纱及棉织品、化工制品、机械及五金制品、石油制品、皮革、海产品、铁矿砂及矿产品等。目前印度已成为全球软件、金融等服务业重要出口国。

印度货币为印度卢比（Indian Rupee）。

商务交际

印度教徒见面和告别多施双手合十礼，并互相问好祝安。行礼时要弯腰触摸长者的脚。印度人在双手合十时，总是把双手举到脸部前才算合十。不要在双手合十的时候点头。男士不要和印度女士握手，应双手合十，轻轻鞠躬。男士不要碰女士，即使在公共场合也不要和女士单独说话。印度人喜欢谈论文化方面的成就和印度的传统。

与印度人合作，必须耐心，找对合适的当地合作伙伴，掌握印度人的商务风格和惯例。正式访问或到政府机关，宜穿西服，并事先订约。合适的当地合作伙伴会使您拥有广泛的关系，从而可减少阻碍性的拖延。

印度人爱喝茶，大多爱喝红茶。各种集会中间休息时也备有茶水，招待客人自不必说。到印度人家里吃饭时，客人可以给主人带些水果、糖果作为礼品，也可以给主人的孩子带些礼物。很多女士不同客人聊天，也不同客人一起吃饭。

印度女士喜欢在前额中间点吉祥痣，其颜色不同，形状各异，在不同情况下表示不同意思，是喜庆、吉祥的象征。印度男女多有配戴各种装饰品的习惯。

在印度，您若要进入印度教的寺庙，不可穿牛皮制造的东西，如果穿戴或携带皮鞋、皮表带、皮带、手提包等牛皮制品，都不得入其寺门。走进寺庙之前，先要脱鞋。

印度重男轻女，女儿结婚时，父母必须准备一笔丰富的嫁妆，如果没有嫁妆，女儿是很难出嫁的。印度人庆祝孩子出生与平安成长的方式，就是到寺庙进行"普迦仪式"，唱颂祈祷文，然后和亲朋好友举行餐宴。小孩出生后，父母都会找人为他们占卜，孩子的名字多半取自英雄或神祇。孩子的生辰八字尤其受到重视。他们认为这可以决定孩子未来的婚姻对象。

印度人的婚礼是社会地位的代表，有着重大的仪式。青年到了适婚年龄，由父母为他们寻找社会阶级、语言相同，以及星相可以配合的对象。婚礼当天，新郎骑着一匹白马来到新娘家。这时女方家里已经架起火坛，双方亲友在祭司念诵的吉祥真言中绕行火坛祝祷。之后，新娘在女伴的簇拥下走至火坛前面，由祭司将新娘的纱丽和新郎的围巾系在一起，代表婚姻长长久久。婚礼晚宴在新娘家里

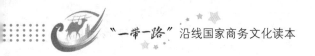

进行，一对新人坐在婚宴中接受亲友的祝福。婚礼当天晚上新郎在新娘家过夜，次日才将新娘迎娶回家。

爱好与禁忌

印度人喜爱数字3、7、9，喜欢红、黄、蓝、绿、橙色及其他鲜艳的颜色。黑、白色和灰色被视为消极的、不受欢迎的颜色。

印度人认为吹口哨是冒犯人的举动，是没有教养的表现。他们认为把孩子放在浴盆里洗澡是不人道的，因为不流动的水为死水，孩子浴后会遭灾、夭折的。

在印度，不可随意抚摸小孩的头。

教育简况

当前，印度实行12年一贯制的中小学教育，其中小学教育5年，初中教育5年。初中毕业后依据学习成绩或兴趣爱好，学生可选择进入普通高中、职业高中或者接受职业培训，其学制均为2年。印度的高等教育共8年，包括学士课程3年、硕士课程2年和博士课程3年。此外还包括各类职业技术教育、成人教育等非正规教育。

20世纪80年代，印度加大对高等技术教育领域的改革，进一步优化高等教育的结构，在印度理工学院和地区工程学院的基础上，增设两类机构，于2010年增加10所国立技术大学，扩大工程技术院校的规模。近年来，印度私立高等教育发展较快，与市场经济联系紧密，成为高等技术教育的重要组成部分。在此过程中，社会经济发展对高素质技能型人才的需求不断加大，为印度高等技术教育提供了巨大的发展机遇。高等技术教育数量和规模增加的同时，打破了文法类普通高等学校为主的格局，高等技术教育结构日趋合理。

目前，印度著名的大学有德里大学、尼赫鲁大学、加尔各答大学等。

巴基斯坦伊斯兰共和国

 **基本概况**

巴基斯坦伊斯兰共和国（Islamic Republic of Pakistan），简称"巴基斯坦"（Pakistan）。巴基斯坦位于南亚次大陆西北部，东接印度，东北与中国毗邻，西北与阿富汗交界，西邻伊朗，南濒阿拉伯海。政治体制为议会共和制。首都为伊斯兰堡（Islamabad）。

巴基斯坦属于热带气候，气温普遍较高，降水比较稀少，年降水量少于250毫米的地区占全国总面积的四分之三以上。巴基斯坦除南部属热带气候外，其余地区属亚热带气候。南部湿热，受季风影响，雨季较长；北部地区干燥寒冷，有的地方终年积雪。年平均气温27℃。

巴基斯坦国土面积约为79.6万平方千米（不包括巴控克什米尔）。全国人口约为2.08亿（2018年），是一个多民族国家。97%以上的居民信奉伊斯兰教，少数信奉基督教、印度教和锡克教等。乌尔都语为国语，英语为官方语言。

经济简介

巴基斯坦矿产有天然气、石油、煤、铁、铝土铬矿、大理石和宝石等。工业基础薄弱，主要包括棉纺织、毛纺织、制糖、造纸、烟草、制革、机器制造、化肥、水泥、电力、天然气、石油等产业。农业是主要支柱产业，主要农产品有小麦、大米、棉花、甘蔗等。巴基斯坦地处亚热带，水果资源非常丰富。近年来，巴基斯坦的经济结构由以农业为基础转变为以服务业为基础。旅游业发展较为缓慢，旅游者多为定居在欧美的巴基斯坦人和海湾国家的游客。主要旅游景点有卡拉奇、拉合尔、拉瓦尔品第、伊斯兰堡、费萨拉巴德和北部地区等。

巴基斯坦主要进口石油制品、机械和交通设备、钢铁产品、化肥和电器产品；主要出口棉花、纺织品、大米、水果、渔产品、皮革制品、体育用品、医疗器械和地毯等产品。

巴基斯坦货币为巴基斯坦卢比（Pakistan Rupee）。

商务交际

巴基斯坦绝大部分人信奉伊斯兰教，居民的生活习俗和饮食起居深受伊斯兰教的影响。

巴基斯坦人注重礼节，见面时要说"真主保佑"，多以握手为礼。男士见了女士不能主动与之握手，除非女士先伸手方可相握。久别重逢时，还常以拥抱为礼，有时还会给对方戴上花环。花环有的由鲜花制作，香气扑鼻；有的全由金箔或银箔编成，闪烁生辉。对巴基斯坦人要称呼姓，并加上对方的头衔。

商业宴请，一般只有男士参加。不过也有例外，留学欧美或习惯于和欧美商人交际的商人，或娶了白人为妻的商人等举行的宴会中常常可以看到女士。出席商务活动最好会讲一口流利的英语，否则容易被认为没有受过教育而被轻视。

任职于管理部门的多是上流社会的人，以留学欧美的居多。商业活动的对象，主要是经理职位以上的人。商谈一般须见面进行协商，约定须做成书面字据。

巴基斯坦人禁吃猪肉，喜欢牛肉、羊肉和鸡鸭。很多传统食物用手抓食，但一般用右手。宴请时一般只请男士而不请其夫人，即使邀请巴基斯坦人和他的夫人进餐，夫人也常常不参加。巴基斯坦人不喜欢让女士就业，一般也不让女士见客。女士也很少上街，因而购物也大都是男士的事。不要在公共场所触碰女士的身体。

青年人的婚事都由双方父母做主，而且在结婚前男女双方是不能见面的。甚至婚礼的宴席，也是男女分开的。男宾客和女宾客的入口，也各自分立。男宾客围着新郎，女宾客围着新娘。因此男宾客看不到新娘，女宾客也看不到新郎。

爱好与禁忌

在巴基斯坦，一般流行鲜明的色彩，如绿色、银色、金色，其中以翡翠绿最为流行。一般不喜欢黄色，因为婆罗门教僧侣们所穿的长袍是黄色的。

同巴基斯坦人交往时，忌讳用手拍打对方的肩背，即使是亲密的朋友也不可以，因为这在巴基斯坦会被误认为是警察拘捕犯人的动作。

巴基斯坦人忌讳邮寄手帕给亲人，因为手帕是悲伤时擦眼泪用的。

巴基斯坦人信仰伊斯兰教，教律规定人形样、佛像形状的东西不得作为装饰品摆放在家里。如果送给小孩一个洋娃娃作为礼物，易被认为瞧不起他们的信仰。严禁男女当众拥抱或接吻，认为当众接吻是一种罪恶，会被罚款并坐牢。女士在街上时，严禁抛"飞眼"，忌讳别人为她们拍照，否则将被视为犯有淫荡罪。

巴基斯坦禁止饮酒，在饭店或商店一般买不到任何酒。因此，当地不会发生酗酒闹事事件。

教育简况

巴基斯坦的独立为教育的发展创造了有利条件。1973年，巴基斯坦宪法规定，教育是社会改革最有效和最有力的工具，规定了联邦教育部的职责范围。当前，巴基斯坦分为初等教育、中等教育和高等教育三个阶段。其中初等教育学制5年，中等教育学制7年；高等教育阶段，大学本科4年。本科毕业后，为硕士、博士的研究生教育。

当前，巴基斯坦实行中小学免费教育，学校数量相对于较大的人口数量明显不足，小学入学率和初级教育普及率均较低，能接受高等教育的人数不多。

巴基斯坦著名的大学有旁遮普大学、卡拉奇大学、伊斯兰堡真纳大学和白沙瓦大学等。

孟加拉人民共和国

 **基本概况**

孟加拉人民共和国（The People's Republic of Bangladesh），简称"孟加拉国"（Bangladesh）。孟加拉国位于南亚次大陆东北部的恒河和布拉马普特拉河冲击而成的三角洲上，东、西、北三面与印度毗连，东南与缅甸接壤，南部濒临孟加拉湾。政治体制为议会共和制。首都达卡（Dhaka）坐落在恒河三角洲平原梅格纳河和帕德马河的交汇处，是全国的政治和文化中心。

孟加拉国被称为"水泽之乡""河塘之国"，是世界上河流最稠密的国家之一。大部分地区属亚热带季风气候，湿热多雨。全年分为冬季（11月至次年2月）、夏季（3—6月）和雨季（7—10月）。年平均气温为26.5℃。冬季是一年中最宜人的季节，最低气温为4℃，夏季最高气温达45℃，雨季平均气温30℃。

孟加拉国土面积约为14.76万平方千米。全国人口数量约为1.7亿（2018年），其中孟加拉族约占98%，是南亚次大陆古老民族之一，另有20多个少数民族。孟加拉语为国语，英语为官方语言。主要宗教为伊斯兰教和印度教。

经济简介

孟加拉国的国民经济主要依靠农业，农产品主要有茶叶、稻米、小麦、甘蔗、黄麻等。矿产资源有限，自然资源主要是天然气。工业以原材料和初级产品生产为主，包括水泥、化肥、黄麻及其制品、白糖、棉纱、豆油、纸张等。主要投资国为美国、英国、马来西亚、日本、中国、沙特阿拉伯、新加坡、挪威、德国、韩国等国。重工业基础薄弱，制造业欠发达。近年来，制衣业逐渐成为孟加拉国的经济支柱之一。

孟加拉国是世界上最大的黄麻和黄麻制品出口国。茶、冻虾、皮革产品、鱼、蔬菜以及瓷制品和手工艺品也是主要出口产品。主要贸易伙伴为美国、欧盟国家、中国、日本、韩国、澳大利亚、马来西亚、印度尼西亚、泰国、沙特阿拉伯、阿联酋等国。

孟加拉国货币是孟加拉塔（Bangladeshi Taka）。

 **商务交际**

孟加拉人见面时，一般都以握手为礼。异性相见，一般行点头礼或以问好代替握手。男士一般不与女士握手。孟加拉国的佛教徒与客人相见时，习惯施合十礼，客人最好也以合十礼回敬。当被引见给男士时，习惯行握手礼。若引见的是女士，要等对方先伸出手来。与孟加拉国人交谈时，要称先生、夫人或小姐。当地的穆斯林，称呼时一般只用姓名，而省略名的第一节和姓。

孟加拉国商人初次见面，一般要交换名片，交换名片时应用右手递接。孟加拉国人时间观念较强，讲究准时赴约。

在孟加拉国做生意，最好要有熟悉孟加拉国体制的联系人，便于从中引荐，与孟加拉国商人建立长期的合作伙伴关系。

孟加拉国工商界人士多会英语，与之进行商讨时最好能说英语。交谈时不要讨论政治话题。

孟加拉国一般由经理制定全部决策。一般来讲，经理不会轻易下放任何权力。如果恰逢经理工作繁忙或出差，无论您的传真或邮件多么紧急，也不会有人回复。

在与孟加拉国高级政府官员会谈时，时常有助理或秘书打断会议。若遇到这种情况，要保持镇定，不能表现得不耐烦，因为这种情况在当地较普遍。

孟加拉国人热情友好，喜欢公平交易和自由商谈。如果商谈时意见不一致，也要在脸上保持微笑。在谈判时，孟加拉国商人很少用"不"直接拒绝。如果他们含糊地回答您的建议及问题，通常意味着不同意。

除了在高级饭馆或正式社交场合使用刀叉，孟加拉国人一般用右手取食。男士和女士通常分开就餐。一些家庭中，女士还须在男士吃过饭后才用餐。吃饭时，不要把食物从一个人的盘子中转移到另一个人的盘子中，即便是夫妇也不合适，因为他们认为已在别人盘子中的东西不干净。

爱好与禁忌

孟加拉国人喜欢荷花，称之为"花中君子"，视其为吉祥、平安、光明、纯洁的象征。大多数孟加拉国人不喜欢数字13。

孟加拉国人以米饭为主食，喜欢各种甜食。忌讳他人拍打其后背，认为这是一种不礼貌和不尊重人的表现。对不经同意就拍照片的做法比较反感。

孟加拉国人大多信奉伊斯兰教，还有少部分人信奉印度教、佛教、基督教。多数人认为左手不洁，因此用左手递送东西或食物属于不礼貌的行为。忌讳翘拇指这个手势，视其为不礼貌的举止。孟加拉国的伊斯兰教徒恪守禁酒的教规，禁食猪肉和使用猪制品，忌讳谈论有关猪的话题。每逢星期五，一般不在公众场合吃东西。斋戒期间，白天不能在众人面前抽烟。

教育简况

孟加拉国在全国建立了教育普及框架，惠及不同性别和不同民族的学生，有效促进了初中等教育阶段的教育公平，增加公民受教育的机会。学前教育发展较快，3—5岁幼儿的学前教育入学率约达96.7%。

当前，孟加拉国的学制为小学5年、中学7年和大学4年，入学年龄为6岁。自1992年开始，初等教育实行免费制。2010年合并初中教育。中等教育分为三个阶段：初级中等、中等和高级中等。自9年级开始，中等教育有三个方面的教学内容：人文、科学和商业教育。

孟加拉国主要的大学有达卡大学、孟加拉工程技术大学、拉吉沙希大学等。达卡大学是孟加拉国历史最悠久的大学，由英属印度政府于1921年创立。达卡大学以牛津、剑桥的教育模式为模板，并一度被称为"东方牛津"，对孟加拉国的发展有着重要影响。

阿富汗伊斯兰共和国

基本概况

阿富汗伊斯兰共和国（The Islamic Republic of Afghanistan），简称"阿富汗"（Afghanistan）。"阿富汗"在普什图语中的意思就是"普什图人的地方"，是一个位于亚洲中西部的内陆国家，北邻土库曼斯坦、乌兹别克斯坦、塔吉克斯坦，西接伊朗，南部和东部毗连巴基斯坦，东北部凸出的狭长地带与中国接壤。政治体制为总统共和制。首都为喀布尔（Kabul）。

阿富汗虽位于中低纬度地区，但因远离海洋，海拔又高，属大陆性气候，干燥少雨，冬季严寒，夏季酷热。河水主要来源于雨雪，所以阿富汗有句民谚——"不怕无黄金，惟恐无白雪"。全国年平均降水量只有240毫米。喀布尔的气候同北京相差不多，四季分明，但冬季并不十分寒冷，夏季白天气温较高，夜晚凉爽。

阿富汗国土面积约为64.75万平方千米。全国人口数量约为3680万（2017年），普什图人是现时国内人口最多的族群。官方语言是普什图语和达里语，居民普遍信仰伊斯兰教。

经济简介

阿富汗矿产资源较为丰富，目前尚未得到充分开发，已探明的资源主要有天然气、煤、盐、铬、铁、铜、云母及绿宝石等。多年战乱使阿富汗的工业基础几乎陷入崩溃，目前以轻工业和手工业为主，主要有纺织、化肥、水泥、皮革、地毯、电力、制糖、金属制造和农产品以及水果加工等。农牧业是阿富汗国民经济的主要支柱，主要农作物包括小麦、棉花、甜菜、干果及各种水果，主要畜牧产品是肥尾羊、牛、山羊等。

阿富汗同60多个国家和地区有贸易往来。主要出口商品有天然气、地毯、干鲜果品、羊毛、棉花等；主要进口商品有各种食品、机动车辆、石油产品和纺织品等。主要出口对象为巴基斯坦、美国、英国、德国、印度等国，主要进口国为中国、巴基斯坦、美国、日本、韩国、土库曼斯坦、印度等国。

阿富汗货币为阿富汗尼（Afghani），简称"阿尼"。

商务交际

阿富汗人见面时打招呼的方式分为三种：与陌生人相见时，一般行握手礼；与熟悉的人相见时，一般以右手按胸，同时点头并说"真主保佑"，然后再拥抱两次；与特别亲密的朋友相见时，一般要亲吻或碰额两次。阿富汗人行礼时一般不脱帽，因为依照当地习俗，戴着帽子才是礼貌的表现。

阿富汗帕坦族人喜欢向客人赠送刀或衣服。客人若穿着部落首领的赠衣，或持有他们赠送的匕首，在部落里可以畅通无阻，并受到特殊保护。

阿富汗人常以各种装束标明各自身份。农村女士外出时，一般需要戴面纱；在城市，戴面纱的女士越来越少。

阿富汗人热情好客，一般用羊肉款待客人，如果来者是贵宾，还会用全羊款待，以示尊敬。来宾吃得越多，主人越开心。多吃主人准备的美食，是对阿富汗人表达感谢最好的方式。

与阿富汗人交谈，话题可涉及对方的身体、家庭、事业等，不可打听穆斯林朋友的妻室、女儿的情况，也不要询问对方收入、私生活等方面的情况。异性之间交谈，一般不可直视对方面部，不要夸奖女性的长相、身材、衣着等。

大多数阿富汗人信仰伊斯兰教，衣着比较保守。男士不要穿短裤上街，女士不要穿窄小和暴露的服装，应戴头巾。在拜访政府部门时，可穿西服。

开斋节和古尔邦节是阿富汗人最重要的宗教节日。古尔邦节十分隆重，类似中国的春节。"古尔邦"即"献牲"之义，又称"宰牲节"。每逢此节日，穆斯林就要沐浴礼拜，宰羊或骆驼、牛来待客。斋月期间，饭馆、茶楼、商店都要停业。

爱好与禁忌

阿富汗人喜爱黑色，认为黑色是代表谦逊的色彩，还象征着庄严和隆重。

阿富汗人爱喝茶，认为无籽葡萄茶是最好的茶。他们的茶馆里经常座无虚席。

忌讳猪、狗的图案，忌讳谈论关于猪的话题。

大多数阿富汗人不喜欢数字13和39。

他们忌讳他人边来回踱步边说话。

 **教育简况**

由于受到战争的侵袭，阿富汗的教育事业遭到严重破坏。近几年来在国际社会的大力援助下，阿富汗的教育事业取得较大进步。阿富汗两个教育系统并行，即宗教教育由清真寺神职人员实行，正规学校教育由政府实行。

阿富汗实行12年的义务教育。当前，阿富汗的小学教育划分为两个阶段：1—3年级和4—6年级。部分学生完成1—3年级的学业后可选择毕业离校。儿童7岁进入小学学习。教育的内容主要包括阅读、写作、算术和阿富汗民族文化。中等教育也包括初中和高中两个阶段。初中阶段的学生可以选择进入宗教初中或者普通初中，学制均为3年。高中阶段包括三种学校，即宗教高中、普通高中和中等职业教育，学制均为3年。阿富汗的大学也分为专科教育和本科教育，前者学制3年，后者学制4年。

阿富汗主要的大学有喀布尔大学和赫拉特大学。

斯里兰卡民主社会主义共和国

基本概况

斯里兰卡民主社会主义共和国（The Democratic Socialist Republic of Sri Lanka），简称"斯里兰卡"（Sri Lanka）。斯里兰卡原名"锡兰"，语义为"光明富饶的乐土"。斯里兰卡位于亚洲南部，是南亚次大陆南端印度洋上的岛国，风景秀丽，被誉为"印度洋上的珍珠""宝石之国"和"狮子国"。西北隔保克海峡与印度半岛相望。政治体制为总统共和制。首都为科伦坡（Colombo），素有"东方十字路口"之称。

斯里兰卡属热带季风气候，终年如夏，无四季之分，只有雨季和旱季的差别。雨季在每年5月至8月和11月至次年2月。年平均气温28℃。全年降水量西南部为2540—5080毫米，西北部和东南部则少于1250毫米。

斯里兰卡国土面积约为6.56万平方千米，全国人口数量约为2144万（2017年）。其中僧伽罗族约占74.9%，其余还有泰米尔族、摩尔族等。僧伽罗语、泰米尔语同为官方语言和全国通用语言。约70.2%居民信奉佛教，其余信奉印度教、伊斯兰教、天主教和基督教等。

经济简介

斯里兰卡主要矿产有石墨、宝石、钛铁、锆石、云母等，石墨的产量居世界前列。宝石在世界享有盛誉，主要有猫眼石、蓝宝石、紫水晶、月光石等。工业主要有纺织、服装、皮革、食品、饮料、烟草、造纸、木材、化工、石油加工、橡胶、塑料和金属加工及机器装配等，大多集中于科伦坡地区。渔业、林业和水力资源丰富。农业主要种植茶叶、橡胶、椰子等。茶叶、橡胶和椰子是斯里兰卡国民经济收入的三大支柱。斯里兰卡是著名红茶产地，得益于独特的地理位置和较大的日夜温差。东部主要产汀普拉茶，中部主要是阿艾利亚茶的产区。斯里兰卡拥有丰富的自然文化遗产和独特迷人的文化氛围，被誉为"印度洋上的珍珠"，旅游业较为兴旺，主要旅游景点为班达拉奈克国际会议大厦、大象孤儿院、阿努拉德普勒、要塞区、亚当峰、波隆纳鲁瓦古城等。

近年来，斯里兰卡的出口贸易结构发生了变化，由过去的农产品为主转变为工业产品为主。出口商品主要有纺织品、服装、茶叶、橡胶、椰子和石油产品。主要出口对象是美国、英国、印度、德国、比利时、日本等国，主要进口对象有印度、新加坡、中国香港、伊朗等国家和地区。

斯里兰卡货币为斯里兰卡卢比（Sri Lanka Rupee）。

商务交际

斯里兰卡是一个宗教氛围十分浓厚的国家，很多习俗都与宗教有关。斯里兰卡曾是英国的殖民地，受英国传统文化的影响很深，直至今日仍保留不少英国的习俗。当地人习惯使用英国式的问候，以对方的头衔相称。

斯里兰卡佛教徒见面施合掌礼，通常要说一句"阿尤宝温"（意为美好的祝愿）。当对方施合掌礼时，客人也要回以相同礼节。僧伽罗人中最重的礼节莫过于"五体投地礼"（即双膝、双手和前额均贴于地），一般用于重大场合，对佛教长老或父母使用。受礼者则以右手抚摸施礼者的头顶，以示祝福。目前，斯里兰卡也逐渐流行握手礼。

斯里兰卡人注重礼节。人们见面时总要双手合十，或者在说"再见"的时候双手合十。他们习惯把双手举到脸部前才"合十"。要特别注意，不要在双手合十的时候点头。

斯里兰卡人喜欢用燃灯的方式来庆祝开业、奠基、宗教活动等。

斯里兰卡人热情友好、温雅谦恭，乐于与人交流，也不拒绝被拍摄或与人合影。他们乐于助人，若遇行人问路，会尽量详细地帮忙指路。如果他们有时间的话，还可能陪您到目的地。

斯里兰卡人有准时赴约的良好习惯，认为准时是有礼貌的表现。会谈或会议之前有向客人献茶的习俗。

斯里兰卡人点头和摇头的含义与中国相反。点头表示"不是"，摇头则表示"是"。

给当地人送礼物时，一般不要送花。忌讳使用左手传递东西或食物，认为左手不洁。吃饭和接收礼物时，都要用右手。

爱好与禁忌

乌鸦在斯里兰卡被视为神鸟和吉祥物，因而受到人们的敬仰和崇拜。

斯里兰卡人大多数喜欢大红色、白色、咖啡色、黄色、天蓝色、草绿色和黑色，还喜欢带有宗教和古代神话色彩的颜色和图案。

斯里兰卡人非常喜欢鲜花，特别是兰花。无论是在家庭的窗台上，还是在公园的花圃里，到处可见五彩缤纷的鲜花。

斯里兰卡僧侣禁止饮酒，伊斯兰教徒禁食猪肉和使用猪制品。

不要爬骑在佛像上拍纪念照，如果对寺庙、佛像、和尚等做出轻率的举动，会被视为"罪恶滔天"。进入寺庙参观或者膜拜的时候，必须脱下鞋袜。

教育简况

斯里兰卡政府一贯重视教育，自1945年起实行幼儿园到大学的免费教育制度。自1980年起，向10年级以下的学生免费发放教科书和校服。斯里兰卡的民众文化水平在南亚国家中名列前茅，是南亚识字率较高的国家。

当前，斯里兰卡的教育分为五个阶段，即小学阶段（1—5年级）、初中阶段（6—9年级）、高中阶段（10—11年级）、大学预科阶段（12—13年级）和大学阶段。小学阶段，孩子5岁入学。斯里兰卡规定小学和初中阶段是强制的义务教育阶段，并且其法律规定所有儿童必须读完初中；但教育部建议把强制义务教育推行到高中阶段，确保大众的文化教育水平。

目前，斯里兰卡主要的大学有科伦坡大学和佩拉德尼亚大学等。此外还有Buddhist and Pali大学、Buddasasravaka Bikkhu大学等3所高等佛学院，专门培养佛学学者和寺院长老，学生毕业考试合格后可获得学者称号。

马尔代夫共和国

马尔代夫共和国（The Republic of Maldives），简称"马尔代夫"（Maldives），位于南亚，东北与斯里兰卡相距约675千米，北部与印度的米尼科伊岛相距约113千米。马尔代夫是印度洋上的一个岛国，也是世界上最大的珊瑚岛国，由1200余个小珊瑚岛屿组成，其中200多个岛屿有人居住，从空中鸟瞰就像一串珍珠撒在印度洋上。马尔代夫南部的赤道海峡和一度半海峡为海上交通要道，被誉为"上帝抛洒人间的项链""印度洋上人间最后的乐园"。政治体制为总统共和制。首都为马累（Malé）。

马尔代夫位于赤道附近，具有明显的热带雨林气候特征，终年炎热、潮湿、多雨，无四季之分。没有飓风、龙卷风，偶尔有暴风。年降水量1900毫米，年平均气温28℃。每年3—4月份气温最高，可达32℃。

马尔代夫国土面积约为9万平方千米（含领海面积）。全国人口数量约为44万（2018年），均为马尔代夫族。民族语言和官方语言均为迪维希语（Dhivehi），政府文件和法律均用迪维希语写成，少数有英文版本。伊斯兰教为国教。

经济简介

马尔代夫拥有丰富的海洋资源，有各种热带鱼类及海龟、玳瑁和珊瑚、贝壳之类的海产品。马尔代夫及周围水域拥有700多种鱼类，生产鲣鱼、金枪鱼、龙虾、海参，还有少量的石斑鱼、鲨鱼、海龟等，最多的是珊瑚鱼。它们的颜色、形状、大小各不相同。农业主要种植椰子、小米、玉米、香蕉和木薯等。工业主要包括小型船舶修造、海鱼和水果加工、编织、服装加工等。马尔代夫的旅游业发达，主要旅游景点为天堂岛、太阳岛、双鱼岛、拉古娜岛、卡尼岛、玛娜法鲁岛、白金岛、阿雅达岛等。旅游业、船运业和渔业是马尔代夫经济的三大支柱。该国坚持在保护环境的基础上，发挥资源优势，加快经济发展。

马尔代夫主要出口商品为海产品和成衣；主要进口商品为食品、家具、石油产品、电子产品、交通工具、机械设备、建材、纺织品和生活用品等。主要贸易伙伴有阿联酋、新加坡、中国、印度、斯里兰卡、泰国和马来西亚等国。

马尔代夫货币为卢菲亚（Rufiyaa）。

商务交际

马尔代夫人穿着较为简单，男士常穿白衬衣，公务人员在参加隆重仪式时穿西服。女士服装色泽鲜艳，一般不戴面纱。

马尔代夫女性社会地位较高，经常参加一些集会或社会活动，但一般不主动与他人握手。

马尔代夫的海洋生物资源丰富，人们吃得最多的食品是鱼，特别是金枪鱼。居民以稻米为主食，羊肉以及玉米也是他们经常享用的食品。部分居民用餐不用筷子，也不用匙，而是用右手拇指、中指和食指把食物搓成丸放进嘴中。

爱好与禁忌

马尔代夫当地人不喝酒，所以在马累的街道上以及其他公共场所没有酒吧。一些旅馆里设有酒吧，但是不可将酒水带出旅馆，更不能在公共场所或者当地人面前饮酒。

马尔代夫以伊斯兰教为国教，岛上居民不食猪肉，严禁偶像崇拜，女士出行必须穿遮体长裙，男士不能穿短裤。不要在他们祈祷时打扰。遇到在地上铺小毯子祈祷的穆斯林，不要从毯子前边走过，尽量绕行。

在马尔代夫禁止裸游，禁止在岛上的栈桥钓鱼，不允许携带马尔代夫海洋生物（如鱼类、珊瑚类）出境。

教育简况

马尔代夫实行免费教育制度。教育系统由学前教育、初等教育、中等教育和高等教育组成。其中3到5岁的小孩接受学前教育，6到12岁的小孩接受初等教育，13到17岁的小孩接受中等教育，18岁及以上的成人接受高等教育。1984年，马尔代夫政府制定中小学课程体系，主要包括环境研究、科学、迪维希语、数学、英语、美术、体育教育和书法等。

1988年以前，马尔代夫只有卫生、师范、航海、管理等专业的教育或培训机构，尚未设立大学。1998年组建第一所高等院校即马尔代夫高等教育学院。该学院于2011年发展成马尔代夫第一所大学，即马尔代夫国立大学，是马尔代夫唯一一所高等院校。马尔代夫的环礁各设有一个教育中心，主要向成年人提供非正规文化教育。

尼泊尔联邦民主共和国

 **基本概况**

尼泊尔联邦民主共和国（Federal Democratic Republic of Nepal），简称"尼泊尔"（Nepal），位于喜马拉雅山脉南麓，北与中国相接，其余三面与印度为邻。喜马拉雅山脉是中尼两国的天然国界。包括珠峰在内，世界十大高峰有八座在中尼边境。尼泊尔兰毗尼是佛教创始人释迦牟尼的诞生地。2008年5月，尼泊尔废除君主制，宣布成立尼泊尔联邦民主共和国，延续近240年的沙阿王朝宣告终结。政治体制为议会共和制。首都为加德满都（Kathmandu）。

尼泊尔南北地理变化大，各地区气候差异明显，分北部高山、中部温带和南部亚热带三个气候区。北部为高寒山区，终年积雪，最低气温低至-41℃；中部河谷地区气候温和，四季如春；南部平原常年炎热，夏季最高气温高达45℃。

尼泊尔国土面积约为14.72万平方千米，全国人口数量约为2898万（2016年），有拉伊、林布等30多个民族。尼泊尔人约80.6%是印度教徒，其余为佛教徒、穆斯林等。尼泊尔语为国语。

经济简介

尼泊尔的矿产资源有铜、铁、铝、锌、磷、钴、石英、硫磺、褐煤、云母、大理石、石灰石、菱镁矿等。水力资源丰富。工业基础薄弱，规模较小，机械化水平低，以轻工业和半成品加工为主，主要有制糖、纺织、皮革制鞋、食品加工、香烟和火柴、黄麻加工、砖瓦生产和塑料制品等。农业主要种植大米、甘蔗、茶叶和烟草等农作物，粮食基本实现自给。尼泊尔地处喜马拉雅山南麓，自然风光旖旎，气候宜人，徒步旅游和登山者较多。主要旅游景点为加德满都谷地、奇特万国家公园、萨加玛塔国家公园等。赴尼泊尔旅游的主要为亚洲游客，其中以印度、中国游客居多，其次为西欧和北美游客。

尼泊尔主要进口商品是煤、石油制品、羊毛、药品、机械、电器、化肥等；主要出口商品是蔬菜油、铜线、羊绒制品、地毯、成衣、皮革、农产品、手工艺品等。主要贸易伙伴有印度、美国、中国、欧盟成员国等国。

尼泊尔货币为尼泊尔卢比（Nepalese Rupee）。

商务交际

尼泊尔人打招呼时，一般边双手合十边说"那马斯特"（Namaste）或者"那马斯卡"（Namaskar）。熟人见面以"兄长"称呼。称呼婆罗门为"爷"，称呼婆罗门的妻子为"奶奶"。为表示尊称，一般在姓名后加一个"吉"的音。尼泊尔人对婆罗门或年长的人表示尊敬时，会低头致礼，而年长者则以右手放在对方头上还礼祝福。

尼泊尔男士上身一般穿西服式的外套，下身穿腰肥腿瘦的白裤，头上戴黑色圆顶小帽。尼泊尔女士的传统服饰包括色彩鲜艳的纱丽和旁遮比两大类。尼泊尔人的前额，常点着红色的蒂卡，即朱砂。

尼泊尔人注重着装，尤其是女性旅行者要注意不要穿着暴露。照相时，无论是拍人还是拍物品之前，应征得对方同意。男女在公众场合不可公开亲昵。

尼泊尔的新年，是在公历的4月份，俗称"光明节"。节日期间，尼泊尔人要沐浴净身，身穿盛装来举行庆祝活动。每年8月，尼泊尔人要为黄牛举行传统的"牛节"。每年10月，尼泊尔人要用14天的时间举行隆重的达希拉节。

尼泊尔人送礼，一般会送当地的帽子、廓尔喀弯刀和布鞋。送帽子表示最崇高的敬意；廓尔喀弯刀是尼泊尔的国刀，表示对朋友的保护和牵挂；送布鞋，男黑女红，意在祝福朋友平安顺利，前程似锦。尼泊尔人通常会接受旅客赠送的旧衣物，但拒绝收"不洁"的食物，如吃过的食物。

不同于通常意义上的左右摆动，尼泊尔人习惯将头从左上开始往右下摆动，用以表示同意。

爱好与禁忌

尼泊尔人喜欢棕、白、红色，喜欢牛、山水图案。他们素来崇牛敬牛，视黄牛为神明，将黄牛视为"国兽"；并立法规定神牛受法律保护，允许黄牛在大街小巷自由行走，不准任意宰杀。

在尼泊尔，不要用使用过的刀、叉、勺子或用手去接触别人的食品或餐具。

尼泊尔人相信神祇居住在人的头顶，所以不要抚摸小朋友的头。传递东西

时，要用双手，不能用单手（尤其不能只用左手），因为尼泊尔人认为左手是不洁的。

进入印度教寺庙前务必征得同意，因为寺庙一般是不向非教徒开放的。皮毛物品严禁带入寺庙大门内。不得触及圣所内的供奉物品。不要倚靠在神像上面玩耍或拍照。围绕寺庙或佛塔行走应依顺时针方向。进入尼泊尔寺庙或尼泊尔人家之前，要脱掉鞋子。不要跨过尼泊尔人的身体或脚，应该绕路而行。

教育简况

尼泊尔的教育体系由小学、初中、高中和大学构成。其中学前教育主要针对6岁以下的儿童。每个尼泊尔儿童都有平等的受教育机会；小学教育的学制为5年；初中教育的学制为3年，可分为普通初中和职业初中两种；高中教育的学制为2年，分为普通高中和职业高中。高中毕业后，进入大学预科阶段的教育，学制2年（在尼泊尔，也称"10+2教育"）。此后，学生进入高等教育阶段，主要包括本科学制3年、硕士学制2年和博士学制3年。

除了上述教育形式，尼泊尔还有校外教育，主要为6—14岁未入学儿童提供；还有女童教育、特殊教育、远程教育和开放教育等多种教育形式。

尼泊尔著名的大学有特里布文大学、加德满都大学、东部大学（普尔班查尔大学）、博克拉大学和马亨德拉梵文大学等。

不丹王国

 基本概况

不丹王国（The Kingdom of Bhutan），简称"不丹"（Bhutan）。在不丹的官方语言宗卡语中，不丹被称为"主域"，意为雷、龙之地。"不丹"一名来自梵语，意思是"吐蕃的终结"，意味着不丹位于西藏文化传达之地的最南端。不丹位于中国和印度之间喜马拉雅山脉东段南坡。政治体制为议会制君主立宪制。首都为廷布（Thimphu）。

不丹地处亚热带，位于喜马拉雅山脉南麓，地势北高南低，海拔高度变化急剧，且相差悬殊，加之印度洋暖湿季风气流的影响，使得各地气候相差较大。根据不丹的地形特点，全国大致可分为三个气候区，即北部高寒气候区、中部温带气候区和南部亚热带气候区。

不丹国土面积约为3.84万平方千米，为内陆国。全国人口数量约为77.97万（2017年），不丹族约占总人口的50%，尼泊尔族约占35%。不丹语"宗卡"为官方语言。藏传佛教（噶举派）为国教，尼泊尔族居民信奉印度教。

经济简介

不丹的矿产资源主要包括白云石、石灰石、大理石、石墨、石膏、煤、铅、铜、锌等。不丹的水力资源丰富。森林覆盖率约为70.46%，物种丰富。工业主要包括电力、建筑业和制造业等。农业可耕地面积约占国土总面积的16%，主要农作物有玉米、稻子、小麦、大麦、荞麦、马铃薯和小豆蔻。不丹以丰富的名木花草闻名，主要树种有婆罗双树、橡树、松树、冷杉、云杉、桦树等。盛产水果，苹果、柑桔出口量大。旅游业发展迅速，每年3—6月、9—12月是不丹的旅游旺季，游客主要来自泰国、中国、日本、美国和欧洲等地。主要旅游景点为辛托卡城堡、虎穴寺、旺度波德朗堡、杜克耶堡等。

不丹出口产品主要为电力、化学制品、木材、加工食品、矿产品等；主要进口产品为燃料、谷物、汽车、机械、金属、塑料等。对外贸易主要在南盟成员间

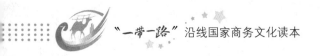

进行。印度是不丹最大贸易伙伴，与不丹签有自由贸易协定。其他主要贸易伙伴有韩国、泰国、新加坡、日本、中国等国。

不丹货币为努扎姆（Ngultrum）。

 **商务交际**

不丹人在迎接贵宾时，会敬献哈达，以示敬意。不丹人重视礼仪，与长者谈话时，身体会略微前倾，眼睛向下看，右手遮口，每句话后都要加敬语后缀"拉"。

接收不丹人赠送的礼物时，不能当面拆开，且须回礼。若收到盒装食品，归还时必须在盒内放些糖果。

与人交谈时，不能吸烟，少说"不"字，不得已时可用"或许""能够"等虚拟词婉转表达。

在正式场合，不丹男女一般都会披上披肩，但披肩颜色、样式根据地位不同有严格区别：国王和寺院大主持（堪布）为黄色；政府部长和中央寺院四大法师为桔色；皇家顾问委员会及法院代表为蓝色，无穗；政府官员为红色，无穗；一般公民为白色，两头带穗。

宴请宾客时，先上茶或酒。用餐期间一般不说话，餐后客人一般不多逗留。依照宗教习惯，喇嘛忌烟酒，但可食荤。许多不丹人随身携带槟榔，与他人分享槟榔是友好的表示。

爱好与禁忌

不丹人认为头是人体最神圣的部分，因此不要触摸不丹人的头部。

不要将脚伸到不丹人眼前，不可跷二郎腿，因为这些都是不礼貌的行为。

不丹人一般用手抓饭，吃饭前会将几小团米饭撒向空中敬神。杀猪当天不能吃肉。若家人出远门，当天不能扫地；若家中人生病，要在门口插树枝，禁止外人进屋；家中若有人去世，家属一年内不能唱歌跳舞、杀鸡宰猪、打猎、婚嫁。

游客购买不被批准的宗教文物和古董，是非法的。若对上述物品有兴趣，可前往指定的商店购买。

不丹人民对外来游客友善，尤其是小孩；但切记不要将金钱、糖果等送给小孩，也不要随便将药物赠予有需要的村民。

2004年12月17日，不丹政府正式颁布全国禁烟令。这是世界上第一个全面禁烟令。不丹在全国范围内禁止销售香烟，居民不准在公共场所抽烟，也不准在任何户外地点抽烟。当地商店不准销售任何烟草产品，违反者需要交罚款，多次违反者可能被吊销商业执照。无法戒烟的居民可以自己进口，交100%的进口税。

教育简况

不丹的教育与宗教关系密切。20世纪50年代前，不丹的教育机构主要是修道院。20世纪60年代才开设了第一个世俗学校。当前，不丹的教育仍旧将学校分为公共教育和寺庙教育两种类型。前者包括小学阶段、中学阶段和大学阶段。其中基础教育包括小学、初中和高中教育共13年。不丹《教育法》规定，儿童入学年龄是6岁，必须接受为期7年的小学教育。但是由于不丹境内环境以山峰树林为主，基础教育普及难度较大。另外，不丹在联合国及其他各国团体的协助下制定出了以儿童为中心的系列课程。科目除国语、算数、英语外，还设置了包括综合理科、社会、保健、道德内容的系列"环境课"，鼓励孩子走出学校，亲身体验自然，感知社会。射程和摔跤是不丹传统民族体育教育项目。而不丹的国教即佛教中的伦理、道德观等内容并不特别设立独立的科目，而是渗入到英语、算数等科目之中。

不丹的初中阶段教育实行"2+2"模式。学生学满2年后可毕业离校，也可学满4年后继续升学。初中阶段的课程主要为通识课程。

2003年不丹建立第一所大学即不丹皇家大学，实行双语制，不丹语"宗卡"是必修课，专业包括科学技术、商业研究、传统医学、语言和文化、教育、卫生科学、自然资源和管理等。学生在大学毕业后有机会到国外留学。

哈萨克斯坦共和国

 **基本概况**

哈萨克斯坦共和国（The Republic of Kazakhstan），简称"哈萨克斯坦"（Kazakhstan）。在突厥—回鹘语中，"哈萨克"意为独立自主、心灵自由，蕴含着欧亚游牧民族的独特文化。"斯坦"，是指"家园""土地""聚居地"，据此"哈萨克斯坦"是指"哈萨克族人"的聚居地。它是中亚地区幅员最辽阔的内陆国，同时也是世界上最大的内陆国；北邻俄罗斯，南与乌兹别克斯坦、土库曼斯坦和吉尔吉斯斯坦接壤，西濒里海，东接中国。政治体制为总统共和制。首都努尔苏丹（Nur Sulton），原称阿斯塔纳，2019年3月更名。

哈萨克斯坦属干旱的大陆性气候，夏季炎热干燥，冬季寒冷少雪。1月平均气温–19℃–4℃，7月平均气温19℃—26℃。哈萨克斯坦北部的自然条件与俄罗斯中部及英国南部相似，南部的自然条件与外高加索及南欧的地中海沿岸国家相似。北部年降水量300—500毫米，荒漠地带年降水量100毫米左右，山区年降水量1000—2000毫米。西南部属图兰低地和里海沿岸低地，中、东部属哈萨克丘陵，东缘多山地。

哈萨克斯坦国土面积约为272.49万平方千米，全国人口数量约为1831.17万（截至2019年1月）。哈萨克斯坦是多民族国家，约由140个民族组成，主要有哈萨克族、俄罗斯族、日耳曼族、乌克兰族，还有乌兹别克族、维吾尔族和鞑靼族等。居民主要信奉伊斯兰教、东正教、基督教和佛教。哈萨克语为国语，俄语和哈萨克语同为官方语言。

 经济简介

哈萨克斯坦是中亚最大的经济体。矿产资源主要有煤、铁、铜、铅、锌等，铀产量丰富，被称为"铀库"。里海地区的油气资源也十分丰富，钨、铬和磷矿石储量也居世界前列。农业主要种植以春小麦为主的粮食作物，还产棉花、甜菜、烟草等。

主要的畜牧业产品有奶制品、皮革、肉类食物及羊毛。哈萨克斯坦经济以石油、天然气、矿业、煤炭和农牧业为主，加工工业和轻工业相对落后。大部分日用消费品依靠进口。

哈萨克斯坦主要出口商品为矿产品、金属及其制品、化学制品塑料、橡胶、动植物产品、成品粮等；主要进口商品为机械、设备、交通工具、仪器和仪表、化工产品（包括橡胶和塑料）、矿产品、金属及其制品、动植物产品和成品粮等。主要贸易伙伴有瑞士、俄罗斯、英国、德国、意大利、美国、中国、乌克兰、土耳其等国。

哈萨克斯坦货币为哈萨克坚戈（Kazakhstani Tenge）。

商务交际

在哈萨克斯坦的工作场所，上下级关系非常严格。正式场合中，无论亲疏，对上级都要用尊称或者加上对方头衔进行称呼；对老人也尽可能用尊称；对下属和年轻人则可以直接叫名字或简称。

哈萨克人在社交场合与客人相见时，多行握手礼；面见尊长和宾客，则右手按胸，躬身施礼，遵循伊斯兰教礼仪。

作为游牧民族的后代，哈萨克人保留着草原文化特有的基本精神和价值取向，如英雄乐观主义精神、自由开放精神和崇信重义精神等。同时，由于近现代历史和政治的原因，哈萨克民族呈现多元化的格局。这种多元性，体现了哈萨克民族文化宽容的一面。

哈萨克人曾经是马背上的民族，能歌善舞，爱运动，喜欢集体活动，保留着豪爽开朗、热情奔放的民族性格。在哈萨克斯坦，稍大的宴会（官方非常正式的那种除外），其间只要有音乐，大家就会跳起来。在较正式的宴会上，一般都要祝酒，哈萨克人一般不单对单敬酒，也不离开座位到其他地方给他人敬酒。

公共场合如会场、餐馆、办公室等一律禁止吸烟，如果要吸烟就要到户外。哈萨克人没有让烟的习惯，自己从怀里拿出来自己抽；也不会介意跟熟人要支烟，或者递给对方烟。

哈萨克人有"以右为上"的民族传统观念，出门进门皆要先迈右腿。

在哈萨克斯坦，不可以用脚踢羊或其他动物，也不可用脚踩踏食盐。

当地商人讲究经商的灵活性。无论您的开盘报价多么低，他们都不会轻易接受第一次所报的价格，所以在商务谈判时对此应有准备，留有必要的余地。

爱好与禁忌

哈萨克人的主要食物是牛羊肉、奶、面食、蔬菜等，习性和欧洲基本相同。最常喝的饮料是奶茶和马奶。

哈萨克人的传统食品是羊肉、羊奶及其制品，最流行的菜肴是手抓羊肉。哈萨克语把手抓羊肉叫"别什巴尔马克"，意思是"五指"，即用手来抓着吃。

严冬时节，许多住在北方严寒地区的哈萨克人都通过食马肉来抗寒。

教育简况

哈萨克斯坦一贯重视教育。19世纪中叶开始，北部部分城市便开设了教授世俗文化的俄文学校，教育对象仅限于部分富家子弟。苏联时期，创办了各类学校，学生开始享受全国统一的免费政策，高等院校和中等学校持续增加。独立后，哈萨克斯坦对教育体制和教育政策进行了改革。

当前，哈萨克斯坦实行11年制的义务教育。教育阶段分为学前教育、初等教育、基础中等教育、中等教育（包括普通中等教育和职业技术教育）和高等教育等。其中，初等教育学制3年，中等教育学制3年。

哈萨克斯坦著名的大学有国立哈萨克大学、国立欧亚大学、国立哈萨克理工大学、哈萨克国立师范大学、南哈萨克斯坦州立大学、卡拉干达州立大学、哈英理工大学等。

乌兹别克斯坦共和国

 **基本概况**

乌兹别克斯坦共和国（The Repubic of Uzbekisa），简称"乌兹别克斯坦"（Uzbekistan）。它是一个位于中亚中部的内陆国家，西北濒临咸海，与哈萨克斯坦、吉尔吉斯斯坦、塔吉克斯坦、土库曼斯坦和阿富汗毗邻。地理位置优越，处于连结东西方和南北方的中欧中亚交通要塞的十字路口。政治体制为总统共和制。首都塔什干（Tashkent）位于锡尔乌河支流奇尔奇克河谷的绿洲中心，是古代东西方贸易的重要中心和交通要道，"丝绸之路"途经此地，同时也是中亚地区第一大城市和重要的经济和文化中心。

乌兹别克斯坦属于干旱的大陆性气候。夏季漫长、炎热，7月平均气温为26℃—32℃，南部白天气温经常高达40℃；冬季短促、寒冷，1月平均气温为-6℃至-3℃，北部绝对最低气温为-38℃。年均降水量平原低地为80—200毫米，山区为1000毫米，大部分集中在冬春两季。

乌兹别克斯坦国土面积约为44.74万平方千米，全国人口数量约为3308万（2018年10月）。共有130多个民族，乌兹别克族约占78.8%，其余还包括塔吉克族、俄罗斯族、哈萨克族、卡拉卡尔帕克族、鞑靼族、吉尔吉斯族和朝鲜族等。乌兹别克语为官方语言，俄语为通用语。主要宗教为伊斯兰教。

经济简介

乌兹别克斯坦经济结构单一，制造业和加工业落后，农业、畜牧业和采矿业发达。自然资源丰富，是独联体中经济实力较强的国家，经济实力次于俄罗斯、乌克兰和哈萨克斯坦。乌兹别克斯坦资源丰富，国民经济的支柱产业是"四金"，即黄金、"白金"（棉花）、"乌金"（石油）、"蓝金"（天然气）。铀、钢、钨等矿产也较为丰富。森林覆盖率较高。工业主要包括能源、电力、黑色和有色冶金、机械制造、汽车制造、轻纺、食品等。轻工业不发达，日用品主要依靠进口。

乌兹别克斯坦出口产品有天然气、油类、电力、棉花、黄金、能源产品、矿物肥料、黑色金属和有色金属、纺织品、食品、机械、汽车等；进口产品有油类、电力、机器及设备、食品、化学制品、黑色金属和有色金属等。

乌兹别克斯坦货币为乌兹别克斯坦苏姆（Uzbekistan Sum）。

商务交际

乌兹别克人在社交场合与客人相见时，一般多以握手为礼；与亲朋好友相见时常以右手按胸并躬身为礼。男士相遇，手放胸前鞠躬后握手；女性相见，手放胸前鞠躬后可拥抱。握手一般只在男士之间，如果女士先伸出手，方可与她们握手。如果要与坐得较远的人打招呼，可以把右手放在胸前，稍微点头示意。一般不当众赞美女士。

乌兹别克人注重礼节，尊重长者，说话行路一般都礼让长者。骑马外出时，长者在前，幼者在后；男在前，女在后。

如果被邀请共进午餐或晚餐，要准时到场。去拜访乌兹别克人时，可以带一些小礼品，如巧克力、笔、书、磁带、明信片等。

按传统习俗，进屋时要脱鞋。如果在花园吃饭，人们常常坐在矮"Supa"（看上去像一张双人床）上，上面铺着被称作"Korpas"的平坦床垫。在这种情况下，最好脱下鞋，坐在主人指定的地方。您坐的位置离房间或花园入口越远，表明您的地位越尊贵。可以伸直放在桌子下面的腿，靠在靠垫上或把胳膊放在靠垫上。

用餐时，长者坐上座，幼者居下。家人多的家庭，还分席用餐。一般情况下孩子和女士要另设一席。

过去许多食物都是用手抓食，因此用餐前后都要洗手，并用毛巾擦干。现除牧区仍然以手抓食之外，大部分乌兹别克人都改用筷子和汤匙。

爱好与禁忌

乌兹别克人对狼极其崇拜，把狼看成民族的标志和神的化身，常以羊羔祭祀。成年人有的还经常怀揣祖传的狼牙、狼爪和狼尾，将其视为珍品互相赠送。

每年春播或夏收时节，乌兹别克人要进行传统的叼羊竞赛活动，人们称之为"布兹卡希节"，充满民族特色。

乌兹别克人普遍喜爱绿色，认为绿色象征着美好和幸福；忌讳黑色，认为黑色是丧葬的色彩。

乌兹别克人大多信奉伊斯兰教，多属逊尼派。他们忌讳用左手传递东西或食物，认为这样不礼貌；禁食猪肉、驴肉、骡肉、狗肉，也忌讳食用自死动物的肉和血液。

教育简况

乌兹别克斯坦的中小学实行免费教育，高校需要收费，小部分大学生可获得国家经费支持，免缴学费。乌兹别克斯坦政府重视乌兹别克语、历史、文学、外语、商业经济和职业技术的教育。

目前，乌兹别克斯坦推行"4+5+3"的教育模式，即学习9年毕业后的中学生须完成3年的中等职业学校学习，以掌握专业知识和职业技能。学生毕业后可掌握3至4门的专业知识，以及至少2门外语。乌兹别克斯坦的普通基础教育即1—9年级是强制性的，入学年龄为6—7岁。乌兹别克斯坦的高等教育由大学和高等教育机构提供。获得学士学位需4年，还需经过国家选拔考试，获得硕士学位需2年，博士学位需6年。

乌兹别克斯坦著名的大学有国立塔什干大学、国立塔什干东方学院、世界经济与政治大学、国立塔什干经济大学、塔什干医科大学等。

土库曼斯坦

 **基本概况**

土库曼斯坦（Turkmenistan），简称"土库曼"，是位于中亚西南部的内陆国家。土库曼斯坦北部和东北部与哈萨克斯坦、乌兹别克斯坦接壤，西濒里海与阿塞拜疆、俄罗斯相望，南邻伊朗，东南与阿富汗交界。政治体制为总统共和制。首都为阿什哈巴德（Ashgabat）。

土库曼斯坦属典型大陆性气候，主要特点为炎热和少雨，是世界上最干旱的地区之一。全国各地年平均气温均在0℃以上，1月平均气温4.4℃，7月平均气温37.6℃。降水一般集中在冬末春初。全境大部分低地，平原多在海拔200米以下，80%的领土被卡拉库姆沙漠覆盖。南部和西部为科佩特山脉和帕罗特米兹山脉。因地处地中海地震带上，所以时常受地震威胁。

土库曼斯坦国土面积约为49.12万平方千米，全国人口数量约为700万（2018年10月）。由120多个民族组成，其中土库曼族约占94.7%，此外还有乌兹别克族、俄罗斯族、哈萨克族、亚美尼亚族。土库曼语为官方语言，俄语为通用语。居民大多信奉伊斯兰教，俄罗斯族和亚美尼亚族信仰东正教。

经济简介

土库曼斯坦经济结构单一，以种植业和畜牧业为主。该国绝大部分土地是沙漠，但地下蕴藏丰富的石油和天然气资源，还有芒硝、碘、有色及稀有金属等。石油和天然气是土库曼斯坦国民经济的支柱产业，农业主要种植棉花和小麦。旅游业，尤其是医疗观光发展迅速。主要旅游景点为达沙古兹、库尼亚乌尔根奇、尼萨、梅尔夫、马雷、Avaza的海滩旅游等。

主要出口产品有天然气、石油制品、皮棉；主要进口产品有粮食、肉类、轻工业品。

土库曼斯坦货币为马纳特（Manat）。

商务交际

土库曼人见面和告别一般行握手礼，男士应等女士先伸手。较为亲密的朋友之间行拥抱礼，一般采取"左右左"方式拥抱三次。土库曼人待人接物很有礼貌，平时谈话时从不打断别人，争论时也不大吵大闹。他们的时间观念较强，并且讲究信义。在交谈中，他们的爱人从不打断对方的谈话。

交际场合结交朋友，可由第三方进行介绍，也可进行自我介绍。为他人进行介绍时，要先了解被介绍的双方是否有结识的意愿，不要贸然行事。为他人介绍时还可说明与对方的关系，便于新结识的人相互了解与信任。介绍应注意先后顺序，一般先把身份低、年纪轻的人介绍给身份高、年纪大的人，把男士介绍给女士。介绍时，还应注意，除年长者和女士外，一般都应站起来；但在宴会桌或谈判桌上可不必起立，被介绍者只要点头微笑即可。

在土库曼斯坦，握手还是一种表达祝贺、感谢或相互鼓励之意的表现方式。如在祝贺土库曼人取得某些成绩与进步和感谢收到他人的礼品时，均可以用握手来表示。

在公共场合交谈，要注意做到低声细语，忌讳大声说笑、叫喊。

宴请宾客时，如客人尚未吃饱，土库曼人一般不会向客人发问。因为他们认为应该让尊敬的客人吃饱饭后，由客人先谈话，才是礼貌的行为。

宴会上一般不能拒绝主人递来的馕，整个馕不可扣放在桌子上，一般不能用刀切，只能用手掰。给客人倒茶水一般只倒小半碗，便于之后添加，以表示尊敬。客人要用右手接茶碗，告辞前须将茶碗里的茶水喝尽。

穿上土库曼人赠送的礼袍，不可立即脱下，须等仪式结束离开现场时才能脱。露出鞋底对着他人，被认为是对他人的不尊重。

孩子出生、剃下第一束胎发、孩子命名、子女结婚等重要日子，土库曼人往往要聚在一起以示庆祝。婚礼对土库曼家庭来说是最大的盛事。按照传统，男方父母要携带礼品去女方家拜访，假如双方父母都比较满意，就把礼品留下来并开始商量婚期。

爱好与禁忌

土库曼人大多信奉伊斯兰教，禁食猪肉、狗肉、驴肉、骡肉及一切自死动物的肉和血液。喜爱吃牛、羊、马肉及乳制品，日常饮食离不开馕和茶，婚宴及宴

请尊贵客人时，手抓饭是必不可少的待客佳肴。

他们忌讳用手指着他人说话，认为这样有侮辱人的意思；忌讳左手递送东西或食物，认为左手下贱肮脏。

在土库曼斯坦，以下行为皆为不宜：大声说话和大笑；举止蛮横，言语粗鄙，袒胸露乳；站立时倚靠桌椅，吃饭时头离餐盘过近，往垃圾桶里吐痰；不敲门直接进入别人房间，未经允许动别人的私人物品；有人在旁边时，长时间打电话；头上未戴帽或包围巾出席葬礼或葬后酬客宴。此外，公共场所吸烟要被罚款，大街上醉酒、耍酒疯要被拘禁；在众人面前耳语，会被认为存在不轨行为。

土库曼人偏爱绿色，认为绿色给人以吉祥之感；喜欢红色，视红色为勇敢的象征。禁止种族歧视言行。

赠送礼品不可有动物的图像，也不能送印有女人的图片、图像。

在清真寺等宗教场所，女士应戴上围巾或帽子，并用披肩遮住肩、胸。

教育简况

土库曼斯坦的教育体系保留着苏联教育结构的特点。宪法规定，土库曼斯坦的免费义务教育阶段包括小学教育、初中教育和高中教育，共计12年时间。此后还有大学教育阶段。其中，中学阶段包含普通中学和中等职业技校。大学阶段包括专科、本科和硕士研究生阶段的教育。

土库曼斯坦著名的大学有国立马赫图姆库里大学、阿扎季世界语言学院、工学院、国家油气学院、国家通讯建设学院等。

塔吉克斯坦共和国

 **基 本 概 况**

  塔吉克斯坦共和国（The Republic of Tajikistan），简称"塔吉克斯坦"（Tajikistan），是位于中亚东南部的内陆国家。塔吉克斯坦西部和北部分别同乌兹别克斯坦、吉尔吉斯斯坦接壤，东邻中国新疆，南接阿富汗，是中亚五国中唯一主体民族非突厥族系的国家，也是中亚五国中国土面积最小的国家。政治体制为总统共和制。首都为杜尚别（Dushanbe），是国家的政治、工业、科学及文化教育中心。

  塔吉克斯坦地处山区，境内山地和高原占90%，其中约一半在海拔3000米以上，有"高山国"之称。塔吉克斯坦全境属典型的大陆性气候，春、冬两季雨雪较多；夏、秋季干燥少雨。1月平均气温–1℃—3℃，7月平均气温27℃—30℃，年降水量150—250毫米。

  塔吉克斯坦国土面积约为14.31万平方千米，全国人口数量约为910万（2018年）。主体民族为塔古克族，此外还有乌兹别克族、俄罗斯族、帕米尔族、塔塔尔族、吉尔吉斯族、土库曼族、哈萨克族、乌克兰族、白俄罗斯族、亚美尼亚族等民族。居民多信奉伊斯兰教，其余信奉基督教、犹太教、巴哈伊教、东正教等。

经济简介

  塔吉克斯坦经济基础薄弱，结构单一。矿产资源包括有色金属（铅、锌、钨、锑、汞等）、稀有金属、煤、岩盐等，此外还有石油、天然气、丰富的铀矿和多种建筑材料。铀储量居独联体国家首位，铅、锌矿储量占中亚第一位。水力资源较为丰富。工业主要包括采矿业、轻工、食品、有色冶金、化工、机器制造和电子工业等。种植业约占农业总产值的70%，可耕土地主要用于种植棉花，养蚕业也较发达。此外还种植柠檬、甜柿、红石榴等水果和少量的水稻、玉米、小麦等。近年旅游业有所发展。

  塔吉克斯坦主要出口商品为铝锭、皮棉和纺织品；主要进口商品为铝生产原料、石油产品、机器与设备。进口的产品主要来自独联体国家，出口国家主要是

非独联体国家。

塔吉克斯坦货币是索莫尼（Somoni）。

 **商务交际**

见面时，塔吉克人一般会将右手伸出，去握对方的右手，同时左手放于胸口，身体微微前倾，以示尊敬。

塔吉克人多信仰伊斯兰教，属逊尼派。居民中90％以上是穆斯林，生活方式及风俗习惯与其他中亚国家的穆斯林基本相同。由于受俄罗斯民族的影响，塔吉克斯坦比传统的伊斯兰邻国（伊朗和阿富汗等）较开放和自由一些，并不完全遵守伊斯兰教义的规定。塔吉克斯坦有自己的宗教领袖（穆夫提），普通百姓经常去清真寺做礼拜。婚、丧事及男孩子的割礼（5岁前）都要请客聚会。

塔吉克人十分重视礼节，尊重老人。幼辈见长者要问安，亲友相遇时要握手、抚须，即使遇到不相识的人也要问候，将双手拇指并在一起问好。

塔吉克人进餐时，坐次有上下之分，长辈和客人坐上座，其他人围坐一圈。端茶递饭按座次先后依次进行。

爱好与禁忌

塔吉克人崇拜鹰，认为鹰象征着勇敢和英雄；崇尚白色，认为白色纯正洁净；还喜欢绿色，认为绿色象征着幸福和美好。

塔吉克人每日三餐都离不开馕，喜食酥油、酸奶、奶疙瘩、奶皮子等，还喜欢饮奶茶。他们爱食肉，喜欢喝羊肉汤，用餐惯于以手抓取。

禁食猪肉、狗肉、骡肉、驴肉及一切自死动物的肉和血液，还忌讳谈论猪和使用猪制品。

在塔吉克斯坦，要注意不要将馕的正面朝下放置。尽量用右手接递物品。

坐在地（垫子）上时不要将腿伸长或躺着。

不要在公共场所吸烟、饮酒，在街头吸烟、饮酒会受到行政处罚。

驾车驶过人行横道时不要与行人争抢。

尽量不要穿短裤、短裙。

 **教育简况**

　　塔吉克斯坦政府坚持推进教育兴国战略，重视对教育的资金投入。近年来，塔吉克斯坦的教育事业发展较快，学校数量和在校生人数增幅明显，女性受教育的权利也基本得到保障。此外，塔吉克斯坦还积极与亚洲多个国家和地区开展教育国际化的合作。

　　当前，塔吉克斯坦的教育体系包括学前教育、小学教育4年、初中教育5年、高中教育2年和大学教育。其中，大多数学生接受初中教育后不再学习，离开教育体系进入劳动力市场。高中阶段的教育包括普通高中、职业技术教育和综合中学（整合了不同类型课程的高中）。完成初中教育后，学生可以选择接受高等教育或者职业教育，学制为2年。职业和技术教育由公立学校提供。

　　塔吉克斯坦主要的大学有塔吉克斯坦国立大学、塔吉克斯坦技术大学、塔吉克斯坦师范大学、斯拉夫大学等。

吉尔吉斯共和国

 **基本概况**

吉尔吉斯共和国（The Kyrgyz Republic），通称"吉尔吉斯斯坦"（Kyrgyzstan）。"吉尔吉斯"意为"草原上的游牧民"。该国位于中亚东北部，北邻哈萨克斯坦，西南邻塔吉克斯坦，西邻乌兹别克斯坦，东南面和东面与中国新疆维吾尔族自治区接壤。政治体制为议会共和制。首都为比什凯克（Bishkek），是吉尔吉斯斯坦的最大城市，也是该国的政治、经济、交通、科教及文化中心。

吉尔吉斯斯坦属于温带大陆性气候，年降水量200—800毫米，高山地区降水量1000毫米以上。境内多山，全境海拔在500米以上，其中三分之一的地区在海拔3000—4000米之间。高山常年积雪，多冰川。山地之间有伊塞克湖盆地、楚河谷地等。天山山脉和帕米尔—阿赖山脉绵亘于中吉边境。

吉尔吉斯斯坦国土面积约为19.99万平方千米，其中低地仅占土地面积的15%左右，牧场占总面积的43%左右。全国人口数量约636万（2018年），主体民族为吉尔吉斯族，其余为乌兹别克族和俄罗斯族、东干族、维吾尔族等民族。吉尔吉斯语为国语，俄语使用较广，为官方语言。约70%的居民信仰伊斯兰教。

经济简介

吉尔吉斯斯坦矿产资源较丰富，煤、汞、锑矿储藏量较大，境内共发现各类矿产地2000多处，拥有化学元素周期表上的大多数元素。水资源丰富，蕴藏量在独联体国家中居第三位，仅次于俄罗斯、塔吉克斯坦。境内草本植物众多，包括具有药用价值的甘草、麻黄、沙棘等，并拥有世界上最大的野生核桃林和野苹果林。

吉尔吉斯斯坦国民经济以多种所有制为基础，农牧业为主，工业基础薄弱，主要生产原材料。主要工业有采矿、电力、燃料、化工、有色金属、机器制造、木材加工、建材、轻工、食品等。

吉尔吉斯斯坦出口产品主要为贵金属、化学物品和农产品等；主要进口石油产品、二手汽车、服装、化工产品、天然气等。

吉尔吉斯斯坦货币为索姆（Som）。

商务交际

吉尔吉斯人在社交场合与客人相见时，一般施握手礼。与人握手时，仅能使用右手。而与亲友相见时，常以右手按胸并鞠躬施礼，同时要说"真主保佑"等祝愿的话。

在关系亲近的吉尔吉斯人中，有相互馈赠的风俗。可赠送牲口、猎禽、马饰品、皮鞭、乐器和首饰等等。依照礼尚往来的习俗，得到赠品者也要回赠，而且要回赠更有分量的东西。

应邀到吉尔吉斯人家中做客、赴宴，一般应携带鲜花和礼品，且所送鲜花枝数应为单数，切忌送双数。

爱好与禁忌

吉尔吉斯斯坦为多民族国家，其主体民族吉尔吉斯族信奉伊斯兰教。主要节日有宪法日、保卫者日、独立日、纳乌鲁兹节、开斋节和古尔邦节。

吉尔吉斯人的饮食多为牛奶和肉类，喜欢食用羊肉、马肉、牛肉、骆驼肉和牦牛肉。其中，绵羊肉最受欢迎。在进餐者较多的大型宴席上，人们主要吃羊肉。吉尔吉斯人还有贮藏肉、奶食品备用的习惯，主要制作干牛奶食品、黄油和小碎块干肉等。

吉尔吉斯人热情好客。进餐时，一般由尊贵的客人割羊耳，将羊头献给男主宾，羊尾献给女主宾。吉方的最高礼节是给男宾送上传统毡帽和毡袍，给女宾送上头巾和短袖长袍。注意不要对毡房指手画脚，不随便抛掷帽子，不从衣服上跳过。

吉尔吉斯人食用清真食品，忌食猪、狗、驴、骡、蛇肉以及猛禽肉和自死的畜肉。

教育简况

吉尔吉斯斯坦基本保留苏联时期的教育体系和教育方式。小学至高中阶段实行义务教育制度。高等教育根据考试择优录取五分之一左右的学生继续实行义务教育，其余则实行商业化教育。中等教育结束后，学生可根据意愿选择继续学习或就业。

当前，吉尔吉斯斯坦的教育体系分为：小学教育4年，年龄在7—15岁；中等基础教育5年，包括初中（中等基础教育）和高中（普通中等教育）两个教育阶段。初中阶段学制3年。初中毕业后可选择就读普通高中（学制2年）、职业学校（学制3年）、普职结合的高中（学制3年），或者接受1年的职业培训。此外还有高等教育阶段，由各大学提供本科生和研究生的课程。

吉尔吉斯斯坦著名的大学有吉尔吉斯斯坦国立大学、吉美中亚大学、比什凯克人文大学、吉俄斯拉夫大学、奥什国立民族大学等。

俄罗斯联邦

 **基本概况**

俄罗斯联邦（The Russian Federation），或称"俄罗斯"（Russia），简称"俄联邦"、"俄国"。俄罗斯横跨欧亚大陆，东西最长约9000千米，南北最宽约4000千米；邻国西北面有挪威、芬兰，西面有爱沙尼亚、拉脱维亚、立陶宛、波兰、白俄罗斯，西南面是乌克兰，南面有格鲁吉亚、阿塞拜疆、哈萨克斯坦，东南面有中国、蒙古和朝鲜，东面与日本和美国隔海相望，海岸线长约为33807千米；首都为莫斯科（Moscow）。

俄罗斯大部分地区处于北温带，气候多样，以温带大陆性气候为主，但北极圈以北属于寒带气候。温差普遍较大，1月平均温度为-18℃—-10℃，7月平均温度为11℃—27℃。年降水量平均为150—1000毫米。西伯利亚地区纬度较高，冬季严寒而漫长，但夏季日照时间长，气温和湿度适宜，利于针叶林生长。位于俄东北部的奥伊米亚康村，是世界上最冷的定居点之一，1月平均温度-50℃，历史最低值-71.2℃。从西到东大陆性气候逐渐加强；北冰洋沿岸属苔原气候，属于寒带气候或称极地气候的一种，太平洋沿岸属温带季风气候。从北到南依次为极地荒漠、苔原、森林苔原、森林、森林草原、草原带和半荒漠带。

俄罗斯国土面积约为1709.82万平方千米，居世界首位。全国人口数量约为1.44亿（2018年），是世界上人口减少速度最快的国家之一。共有民族194个，其中俄罗斯族约占77.7%，主要少数民族有鞑靼、乌克兰、巴什基尔、楚瓦什、车臣、亚美尼亚、阿瓦尔、摩尔多瓦、哈萨克、阿塞拜疆、白俄罗斯等。俄语是俄罗斯联邦全境内的官方语言，各共和国有权规定自己的国语，并在该共和国境内与俄语一起使用。主要宗教为东正教，其次为伊斯兰教。

经济简介

俄罗斯自然资源丰富，种类多，储量大，自给程度高。森林覆盖面积约1126万平方千米，占国土面积65.8%，居世界首位；木材蓄积量居世界首位；天然气已探明蕴藏量占世界探明储量的25%，居世界首位；铁、镍、锡蕴藏量居世界首位；石油探明储量占世界探明储量的9%；煤蕴藏量居世界第五位；黄金储量居世界前列。俄罗斯工业基础雄厚，以机械、钢铁、石油、天然气、煤炭、森林工业及化工等为主；主要农作物有小麦、大麦、燕麦、玉米、水稻和豆类等；畜牧业以牛、羊、猪的养殖为主。旅游资源丰富，主要景点为克里姆林宫、彼得大帝宫、斯莫尔尼宫、莫斯科大彼得罗夫大剧院、普希金广场、"阿芙乐尔号"巡洋舰、阿尔巴特街、艾拉尔塔博物馆等。

俄罗斯主要出口商品是石油和天然气等矿产品、金属及其制品、化工产品、机械设备和交通工具、宝石及其制品、木材及纸浆等；主要进口商品是机械设备和交通工具、食品和农业原料产品、化工品及橡胶、金属及其制品、纺织服装类商品等。

俄罗斯货币为卢布（Ruble）。

商务交际

称呼方面，在正式场合，俄罗斯人采用"先生""小姐""夫人"之类的称呼。俄罗斯人十分看重社会地位，因此对有职务、学衔、军衔的人，最好以相应头衔相称。

在人际交往中，俄罗斯人素来以热情、豪放、勇敢、耿直而著称。在交际场合，俄罗斯人惯于和初次会面的人行握手礼。但对于熟悉的人，尤其是在久别重逢时，他们则大多要与对方热情拥抱。俄罗斯商人非常看重自己的名片，一般不轻易散发，要确定对方身份，认为对方值得信赖才会递上名片。

在迎接贵宾之时，俄罗斯人通常会向对方献上"面包和盐"。俄罗斯商人一般不会拒绝宴请。他们不会在意排场是否大、菜肴是否珍贵，而主要看是否能够尽兴。

俄罗斯人认为礼物不在贵重，而在于合适且有新意，送礼时机要恰当，可在最后时刻留下。有时候，太贵重的礼物反而使受礼方过意不去，甚至以为送礼者另有企图。

参加商务活动必须穿戴整齐，男士一般穿西服，系领带；女士则穿正装且化妆，以示对谈判方的尊重。谈判期间一般不脱西服，不要将手放在衣服口袋里，这样会被认为是对谈判方的不在意。具体商务洽谈时，谈话要精练、简明；发生争执时要心平气和，语气婉转。如果谈话时间短，不要吸烟喝水。

在商务洽谈中，若俄罗斯人提出您认为不能接受的要求，可以直接拒绝。签订协议、合同时，最好自带翻译和相关文件。签好的文件应先让对方过目、签字、盖章。去政府部门办事，如外交部、内务部、警察局等，必须要带随行翻译。无论是办事，还是贸易，有当地朋友帮助，会顺利得多；作为答谢，送一份礼物或给一个红包也是必要的。

在进行商业谈判时，俄罗斯商人对合作方的举止细节很在意。站立时，身体不能靠在别的东西上，而且最好挺胸收腹；坐下时，两腿不能抖动。

参加俄罗斯人的宴请时，宜对其菜肴加以称赞，并且尽量多吃一些。将手放在喉部，表示已经吃到饱。到俄罗斯人家中拜访时，应准备一些礼物。适宜赠送酒或花，分别给男女主人。如果对方家中有孩子，可根据孩子年龄大小送头巾、玩具、泡泡糖之类的小礼物。进屋后要脱下外套，摘下手套、帽子和墨镜，以示对主人的尊重。打招呼时，宜先向女主人问好，然后向其他人问好。就座时要坐在主人指定的座位上，切记不可随便就座，更不要轻易坐在床上。

俄罗斯人善饮酒，绝大多数男人和部分女士喜欢饮用烈性酒，尤其喜欢喝伏特加。举杯饮酒应用右手。第一杯酒往往要喝完，但俄罗斯人一般不劝酒，主张各随其便。

在俄罗斯，男士吸烟前要征得女士同意；递烟时要递上一整盒，而不是只递一只烟；不要用一根火柴点三根烟。

爱好与禁忌

在俄罗斯，向日葵花被视为光明的象征，最受人们喜爱，被称为"太阳花"，并被定为国花。俄罗斯人崇拜马。对他们而言，马掌代表吉祥、威力，具有降妖除魔的魔力，能带来好运气。

俄罗斯人忌讳13，喜欢7，认为7象征幸福和成功。送礼喜欢用单数，认为双数不吉利。

咀嚼食物时应合上嘴，不能嚼出声来。

俄罗斯人不喜欢黑猫。

在俄罗斯，提前祝贺生日被认为不吉利，也不要提前祝贺孕妇生孩子，不要提前给孕妇送东西。送俄罗斯人礼物，不宜送刀和手绢，因为送刀意味着交情断绝或彼此将发生争执，送手绢则象征着别离。

到剧院或影院若不小心迟到，在别人已经坐好的前提下，不可臀部朝着他人往里挤，而是要面对他们走向自己的座位。捡东西时，也不要低头抬臀去拾，而要先把身子蹲下去，然后伸出手去捡。

俄罗斯有"左主凶，右主吉"的传统说法，因此，无论是握手还是递还物品，宜用右手。冬天与人握手要脱手套，不然会被认为是不礼貌。

在任何场合，都不能用手指指点点，因为俄罗斯人认为这是对人的侮辱；美国人常用大拇指和食指接触成"O"形，其他三指伸直，表示"OK"，但对俄罗斯人来说，则是一种非礼。

俄罗斯人认为镜子是神圣的物品，打碎镜子意味着灵魂的毁灭。但是如果打碎杯、碟、盘则意味着富贵和幸福。因此在喜筵、寿筵和其他隆重的场合，他们会特意打碎一些碟盘表示庆贺。

教育简况

俄罗斯教育发达，是世界上最好的大规模教育系统之一，公民识字率高，超过大多数西欧国家。俄罗斯自然科学和基础研究方面的高等教育水平居世界领先地位，航空航天、军事工业等工程技术领域亦特别突出，人文和社会科学风格鲜明。

当前，俄罗斯教育体系分成学前教育、义务教育和高等教育。其中，学前教育机构设有托儿所、幼儿园。托儿所一般招收2个月至3岁儿童，幼儿园招收3岁至7岁的儿童。俄罗斯2001年确立了12年一贯制的中小学义务教育，共分三个阶段：第一阶段为小学，学制4年；第二阶段为初中，学制5年；第三阶段为高中，包括普通高级中学和职业高级中学，学制为3年。

俄罗斯的《宪法》规定，义务教育为免费教育，而且学校免费为学生提供教科书和课间餐。义务教育阶段的主要任务是：为学生的智力、道德、情感和身体的发展创造有利条件，培养学生科学的世界观，使学生掌握自然、社会、从事劳动的系统知识以及独立活动的能力。俄罗斯高等教育由综合性大学、专科院校和研究院实施，教育层次包括学士、硕士和博士。这一阶段的主要任务是培养具有高深专业理论知识和实际技能的专家。在俄罗斯申请博士学位难度比较大，博士学位由国家最高学位评定委员会决定授予。取得博士学位者，除了要对专业知识有深入的研究并通过博士论文答辩，还必须在工作领域取得卓越成绩。

俄罗斯有许多世界名校，著名的高等学府有莫斯科大学、圣彼得堡国立大学、莫斯科罗蒙索夫大学、莫斯科动力学院、莫斯科门捷列夫化工学院、莫斯科航空学院、圣彼得堡海洋技术大学、圣彼得堡航空宇宙制造学院、圣彼得堡精密技术信息大学、萨马拉航空技术大学、莫斯科矿业大学、莫斯科国际关系学院等。

乌克兰

基本概况

乌克兰（Ukraine），意为"边界上的人"，国名以民族名称命名。乌克兰位于欧洲东部，东接俄罗斯，南濒黑海，北与白俄罗斯毗邻，西与波兰、斯洛伐克、匈牙利、罗马尼亚和摩尔多瓦诸国相连；地理位置重要，是欧洲联盟与独联体，特别是与俄罗斯地缘政治的交叉点。乌克兰全国分为4个地区，共有25个州；首都为基辅（Kyiv）。

乌克兰受大西洋暖湿气流影响，大部分地区为温带大陆性气候，克里米亚半岛南部为亚热带气候。1月平均气温-7.4℃，7月平均气温19.6℃。年降水量东南部为300毫米，西北部为600—700毫米，多集中在6、7月份。

乌克兰国土面积约为60.37万平方千米，全国人口数量约为4240万（2018年1月统计，不含克里米亚地区）。共有130多个民族，乌克兰族约占72%，俄罗斯族约占22%。官方语言为乌克兰语，通用乌克兰语和俄语。主要宗教为东正教和天主教。

经济简介

乌克兰资源丰富，拥有大片肥沃的"黑土带"（占全世界"黑土带"总面积的40%），蕴藏70余种矿产资源，如沥青、无烟煤、铁、锰、铬、钛、铅、锌、铝、汞、镍和一定量的天然气和石油，顿巴斯是乌克兰最大的煤田。乌克兰农业发达，是世界上第三大粮食出口国，有"欧洲粮仓"的美誉，农产品包括甜菜、向日葵、葡萄、长纤维亚麻等。工业主要包括煤炭、冶金、机械制造和化学工业等。近年来，乌克兰的木材加工业、造纸业和建材产品也得到较快发展。乌克兰旅游业较为发达，主要景点分布在基辅、克里米亚半岛、敖德萨、利沃夫、外喀尔巴阡山、切尔尼科夫等地，主要景点为喀尔巴阡山脉、原始山毛榉林、圣安德烈教堂、国家历史博物馆、克米拉米屋、国家艺术博物馆、国家航空博物馆等。

乌克兰主要出口产品为黑色金属及其制品、无机化学材料、化肥、铝制品和

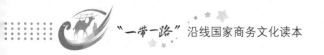
机车等，进口产品有天然气、石油、地面交通设备、纸张、塑料制品、药品、粮食和车床等。

乌克兰货币为格里夫纳（Hryvnia）。

商务交际

称呼时，一般须加上父辈的名，只有彼此关系非常熟悉才可直呼其名。乌克兰人重视礼节，日常交际待客礼貌用语颇多，路遇他人一般要主动打招呼。

乌克兰人在社交场合与客人相见时，一般都以握手为礼，亲朋好友间也常使用亲吻礼。

乌克兰有女士优先的传统，在各种场合男士都习惯谦让女士。

名片互换一般不存在特别的约束，其中一面最好翻译成乌克兰语，递名片时须将乌克兰语一面朝上。

乌克兰人注重建立友好的人际关系，因此在商务会谈时可能涉及非商务方面的讨论。这时您也应积极参与此类讨论，等待对方将话题转移至正式商务问题。

乌克兰人时间观念较强，准时赴约才是礼貌的行为。

爱好与禁忌

乌克兰人喜爱红色，认为它积极向上，能给人以鼓舞。大多数人不喜欢黑色，认为黑色是死亡的色彩，只有遇到懊丧之事时，才使用黑色。

大多数乌克兰人忌讳数字13和星期五，认为它们会给人们带来不幸和灾难。

送礼时，注意不送菊花和枯萎的花，送花的数量不要为偶数。

教育简况

乌克兰的教育管理体制实行国家管理和社会自治相结合的方式。国家教育主管部门即教育科学部，主要负责制定国家教育的具体政策，统筹全国教育机构。乌克兰的高等教育主要由国家预算拨款，按照不低于国民收入10%的比例提供教育拨款。

乌克兰的教育体制主要由学前教育、普通中等教育、职业技术教育、高等教育组成，此外还有校外教育、继续教育、自学教育等。乌克兰的《普通中等教育法》规定：小学教育学制4年，入学年龄6岁；基础教育学制5年；高等教育学制3年。所有学生必须接受12年制的教育。现行高等教育机构和学位制度包括专业资格教育和学位教育两种。

乌克兰的高等教育教学语言是乌克兰语和俄语。要想进入高等学校学习，须获得中学毕业证书并通过大学的入学考试。高等教育分为四个阶段：学士学位阶段、专业技术人员（如工程师、教师、医生等）任职资格证书阶段、硕士学位阶段、博士学位阶段。高级科学博士学位是乌克兰的最高学位。

乌克兰著名的大学有基辅大学、乌克兰国立科技大学、哈尔科夫大学、乌克兰国立美术学院、柴可夫斯基音乐学院等。

白俄罗斯共和国

基本概况

  白俄罗斯共和国（Republic of Belarus），简称"白俄罗斯"（Belarus）。"白俄罗斯"意为"纯的罗斯人"，因其喜穿白色服装和用白布绑腿而得名。白俄罗斯位于东欧平原，在原苏联欧洲部分西部；西面和波兰接壤，北面和立陶宛、拉脱维亚毗邻，东面与俄罗斯联邦相连，南面与乌克兰相接。政治体制为总统共和制，首都为明斯克（Minsk）。

  白俄罗斯属温带大陆性气候，境内气候温和较湿润，年降水量为550—700毫米。1月平均气温–6℃，7月平均气温18℃。

  白俄罗斯国土面积约20.76万平方千米，全国人口数量约为947.7万（2019年1月）。白俄罗斯是个多民族国家，境内共有100多个民族，其中白俄罗斯族约占81.2%，其他还包括俄罗斯族、波兰族、乌克兰族、犹太人等。官方语言为白俄罗斯语和俄语。

经济简介

  白俄罗斯水资源丰富，森林覆盖率约达36%，每年进出口各种木材约500万吨。主要矿产资源有钾盐、岩盐、泥炭、磷灰石等，但能源和原材料绝大部分依靠进口。依托良好的工业基础，白俄罗斯的机械制造业、冶金加工业、机床、电子及激光技术发展迅速。农业和畜牧业较为发达，种植业主要生产谷物、亚麻、马铃薯、甜菜、蔬菜等。其中，马铃薯、甜菜和亚麻产量在独联体国家中居于前列。其他行业还包括淡水养鱼、养兽业（褐狐、水貂和大水鼠）、养蜂业等。白俄罗斯拥有较为发达的铁路和公路交通网，是欧洲交通走廊的组成部分，有"交通枢纽国"之称。

  白俄罗斯主要出口商品为矿产品、机械设备、交通运输工具、化工产品和橡胶、黑色金属及制品、食品及农副产品等；进口商品主要包括矿产品、机械设备、交通运输工具、黑色金属及制品、化工产品和橡胶食品及农副产品等。

白俄罗斯货币为白俄罗斯卢布（Belarusian Ruble）。

商务交际

白俄罗斯人见面时，大多行握手礼，有时也以拥抱礼待客。行握手礼时，男士应等女士先伸手。拥抱一般适用于非常熟悉的朋友之间。

白俄罗斯人性情豪迈，重视礼貌待客，文明用语时常挂在嘴边。高兴时往往爱开怀大笑，而表示轻蔑时，又总是微微一笑。因此，中国人的礼貌微笑，容易使他们感到莫名其妙。

白俄罗斯有"女士优先"的传统，男士习惯在各种场合优待女士。

前往白俄罗斯进行商务洽谈前，最好准备好中俄双语名片，并在会议开始之前发给现场的每个人。为便于沟通，在当地聘请一位翻译也很有必要。

在白俄罗斯，商务会议通常比较低调，所以在着装上应灵活。与白俄罗斯政府官员见面要比与商人见面更为正式。他们重视私人关系，会根据信任程度建立合作关系。

与白俄罗斯人进行商务谈判，要有耐心，对价格和协议不要过于苛求，初次定价时应为谈判预留空间。

爱好与禁忌

面包和土豆是白俄罗斯人的主食。他们普遍善饮，喜欢喝伏特加酒、啤酒和用草药制成的各种药酒；爱吃猪肉、火腿和用面粉、土豆做的薄饼。传统手工艺品是由麦秸杆或亚麻编的娃娃、木制漆盒、绣花亚麻装饰布等。

白俄罗斯人忌讳以黄色的蔷薇花为赠礼，认为这是断绝友谊的象征，是一种令人沮丧的花。此外，送花忌送偶数。

白俄罗斯人一般用面包和盐接待贵客，表示祝愿客人生活富足。

忌讳在公共场所大声喧哗，用餐时忌讳以刀叉敲击碗碟。

女士进入教堂等宗教场所应戴头巾，男士应脱帽。

白俄罗斯人主要信奉东正教，崇尚白色，民族服装通常用雪白的亚麻布缝制，并精心绣上五彩斑斓的传统花纹。

教育简况

　　白俄罗斯的教育法规定，全国实行免费的义务教育。高等院校学制4至5年，分为免费和缴费两种模式。孩子6岁开始接受免费的基础教育，直至15岁。这个阶段小学教育学制4年，初中教育学制5年。之后分流，部分学生升入高中接受教育，部分升入职业技术教育机构继续学习，获取职业资格证书。完成高中教育或取得职业资格证书的学生还可以申请进入大学继续接受教育。

　　白俄罗斯著名的大学有白俄罗斯国立大学、白俄罗斯国立技术大学、白俄罗斯国立师范大学、白俄罗斯国立经济大学、白俄罗斯国立农业大学、明斯克国立语言大学等。

格鲁吉亚

 **基本概况**

格鲁吉亚（Georgia）位于南高加索中西部，北接俄罗斯，东南和南部分别与阿塞拜疆和亚美尼亚相邻，西南与土耳其接壤，西邻黑海。政治体制为议会共和制。首都为第比利斯（Tbilisi）。

格鲁吉亚部分地区属高山气候，西部属亚热带地中海气候。1月份平均气温3℃—7℃，8月平均气温23℃—26℃。西部为湿润的亚热带海洋性气候，东部为干燥的亚热带气候。各地气候垂直变化显著，海拔490米—610米地带为亚热带气候，较高处气候偏寒；海拔2000米以上地带为高山气候，无夏季；3500米以上地带终年积雪，并有冰川。年降水量西部1000—3000毫米，东部300—800毫米。

格鲁吉亚国土面积约为6.97万平方千米，海岸线长约为309公里，全国人口数量约为371.9万（2017年）。其中格鲁吉亚族占总人口的83.8%，其他主要民族有阿塞拜疆族、亚美尼亚族、俄罗斯族等。多数信奉东正教，少数信奉伊斯兰教。官方语言为格鲁吉亚语，居民多通晓俄语。

经济简介

格鲁吉亚自然资源主要有煤、铜、多金属矿石、重晶石等矿产。锰矿石储量丰富，质地优良。锰矿的主要产地在格鲁吉亚西部地区临近库塔伊西市的恰图拉。工业主要包括开采业、电力、供气、供水等。农业主要为种植业、畜牧业、农产品加工业、林业、渔业等。

格鲁吉亚出口商品主要为葡萄酒。主要贸易伙伴为土耳其、阿塞拜疆、乌克兰、中国、德国、俄罗斯、美国、保加利亚、亚美尼亚和意大利等国。

格鲁吉亚货币为拉里（Lari）。

商务交际

格鲁吉亚人称呼及问候时一般在名字前冠以先生、女士等，亲密朋友之间喜欢直呼其名。

格鲁吉亚人与客人相见时，一般都施握手礼，习惯将手握得紧些，并且目光要友好地注视对方。与亲朋好友相见时，也常施拥抱礼或亲吻礼。格鲁吉亚的伊斯兰教徒在为亲友或宾客送行时，常把两手交叉于胸前，施90度鞠躬礼以示尊重。

在社交活动中，格鲁吉亚人喜欢送礼，礼物多少不均，偏爱送鲜花、香水等礼物，鲜花须送单数。格鲁吉亚人对外国朋友和宾客多赠送当地产的葡萄酒和佩剑以示尊敬。

格鲁吉亚人平时注重穿着，在社交场合更为讲究，男士一般穿西装系领带，女士要化妆，衣着应整齐、得体。

格鲁吉亚人除须用"谢谢"表达谢意之外，一般不喜欢过多的客套。他们认为过多的客套容易让人觉得自己虚伪。

格鲁吉亚人不喜欢用餐时发出太大的声音，人前剔牙、吐痰等行为都属于不礼貌的行为。

在格鲁吉亚，入座也有讲究。坐下时，应从椅子的左边入座，从椅子的左边站起，坐在椅子上随意转动或移动位置都是不礼貌的行为。

倾听长辈或客人谈话时，不能一手撑头，一手玩弄东西，否则会被认为是不尊重对方或故意使人难堪。

格鲁吉亚人有敬老爱幼的良好风尚。在公共汽车上，给老弱病残让座是习以为常的事，在旅馆里对老人的照顾特别周到。

爱好与禁忌

格鲁吉亚人喜欢红色，认为红色是勇敢、无畏的象征，还会给人以鼓舞。

格鲁吉亚人大多信奉东正教，部分人信仰伊斯兰教，多属逊尼派。他们忌讳数字13，认为这是一个预示凶兆的数字。格鲁吉亚的伊斯兰教徒禁食猪肉、驴肉，也忌食一切自然死亡的动物及动物血液。

格鲁吉亚人善饮，喜欢喝格鲁吉亚红葡萄酒。格鲁吉亚是葡萄酒酿制工艺的发祥地之一，"葡萄酒"这一名词就是从格鲁吉亚文音译为拉丁、英、德、法、俄文的。

在结婚仪式上，不宜穿白色衣服、戴白色帽子。

禁忌询问个人收入、年龄和宗教信仰。

 **教育简况**

格鲁吉亚中小学实行免费教育制度，高等教育实行全国统考，考取规定分数的学生可入学接受免费的教育。同时，国家承认到教育部门注册过的私立学校学历。

当前，格鲁吉亚的小学教育学制6年。中学教育分为两个阶段：第一个阶段属于义务教育的部分，学制3年；第二个阶段开始分流，侧重文化学习的学生进入3年制的中学学习，侧重职业技术学习的学生则进入1—2年制的职业学校进行学习。完成中学阶段的教育后，学生可升入高等院校接受教育。

格鲁吉亚著名的大学有第比利斯大学、第比利斯国立工业大学、第比利斯自由大学、第比利斯国立医科大学和国立美术学院等。

阿塞拜疆共和国

 基本概况

阿塞拜疆共和国（The Republic of Azerbaijan），简称"阿塞拜疆"（Azerbaijan），国名意为"火的国家"，是东欧和西亚的"十字路口"。阿塞拜疆位于外高加索东部，北临格鲁吉亚、俄罗斯联邦，西靠亚美尼亚，南与伊朗相连，东临里海。政治体制为总统共和制。首都为巴库（Baku）。

阿塞拜疆气候呈多样化特征，中部和东部为干燥型气候，东南部降雨较为充沛。首都巴库紧邻里海地区，冬季温暖，1月平均气温为4℃，7月为27.3℃。北部与西部山区气温较低，夏季平均气温为12℃，冬季为-9℃。境内大部分地区全年降水量500毫米左右，但少数地区，如高加索山脉的高海拔区，以及东南部的连科兰平原，全年降水量可达1000毫米左右。大部分地区夏天为旱季，干燥少雨；秋末至次年春季为雨季，部分地区有降雪。

阿塞拜疆国土面积约为8.66万平方千米，全国人口数量约为989万（2018年）。共有43个民族，其中阿塞拜疆族约占91.6%，此外还有列兹根族、俄罗斯族和亚美尼亚族等。官方语言是阿塞拜疆语，通用俄语。

 经济简介

阿塞拜疆天然气资源丰富，主要分布在阿普歇伦半岛和里海大陆架。石油工业是阿塞拜疆国民经济的主要支柱，机器制造业和轻工业相对落后，大部分日用消费品依靠进口。经济产业以重工业为主，工业部门有石油及天然气的开采业、化工和石油化工电力、液晶机械制造、轻工食品加工等，石油工业产值占工业总产值的一半以上。农业比较发达，农产品以种植棉花为主，此外茶叶、烟草、水果及蔬菜的种植面积占一定比重；畜牧业产品主要有肉类、羊毛、蛋等。

阿塞拜疆主要出口产品有石油和石油产品、天然气、水果蔬菜、黑色金属及制品、化工产品、烟酒等；主要进口产品有机械设备、食品、交通工具及配件、黑色金属及制品、木材、药品、家具和日用品等。

阿塞拜疆货币为马纳特（Manat）。

商务交际

阿塞拜疆是一个东西方文化相对交融的地方，又是一个伊斯兰国家，拥有独特的文化传统。在与阿塞拜疆商人交往的过程中，需要了解他们的文化，融入其文化氛围。

阿塞拜疆人在社交场合与客人相见时，多以握手为礼。与亲朋好友相见时，一般以右手按胸施30度鞠躬礼，同时说祝福话，再施握手礼，握手后还要互吻手背。一般家庭内的人相互见面时多施吻礼，幼者要吻长者的手背，长者吻幼者的额头或眼睛。学上几句阿塞拜疆语，比如"萨拉姆"（您好）、"萨吾"（谢谢，再见）等，可以缩短彼此的距离。

阿塞拜疆人性格豁达开朗，待人热情，提倡文明精神，讲究礼节礼貌。他们有敬重长者的良好传统，有事必与长者商量，十分注意照顾长者，如用餐要让老人坐上座，吃喝要选最好的给老人。

阿塞拜疆的男士大多爱好饮酒，但不酗酒。宴请时小酌，会拉近彼此的关系。阿塞拜疆人也有喝茶的习惯，许多事情可以在茶桌上一边品茶一边讨论。

阿塞拜疆人有"以右为上"的传统观念，无论端饭或敬茶，有使用右手的习惯，就连出门进门都习惯先迈右腿，穿衣服时先伸出右臂或右腿。

阿塞拜疆民族服装的特点是：男士着白色短袖布衬衫、宽裆裤、缎文布长外衣，腰佩短剑或弯刀，戴毛皮高帽，穿毛袜、软皮靴。女士着齐腰棉布衬衫、带褶的长裙，扎绸子头巾，穿毛袜和平底皮鞋，腰部系饰有银带扣和金属片的宽皮带，戴金丝耳环、手镯、项链等饰物。

阿塞拜疆人每年都要庆祝开春节。过节时，家家户户染红鸡蛋，用它象征"喜盈门"；还要在盘子里培育小麦种，用以"预兆丰年"；晚上，孩子们总喜欢在自家院内跨越篝火，认为这样可以驱除邪气，迎来吉祥。

爱好与禁忌

阿塞拜疆人禁食猪肉、驴肉、狗肉和骡肉，也不吃自死动物的肉和血液。饮食取材主要是牛、羊、家禽等肉类以及里海的鱼类，并配有各种蔬菜。传统食物为面包、烤大饼、小饺子汤、葡萄叶包肉馅、奶油、酸牛奶等。节日或家庭喜庆日吃手抓饭、烤制的甜食。

阿塞拜疆人丧葬按照伊斯兰教习俗实行土葬，无任何随葬品。

大部分人非常喜爱绿色，认为绿色象征着吉祥；对红色也很喜欢，认为红色有向上的意义，并有鼓舞人的作用。

阿塞拜疆人忌讳数字13，认为会给人带来不幸和灾祸；一般不喜欢黑色，认为黑色是不祥的色彩。

阿塞拜疆人绝大多数信奉伊斯兰教什叶派。他们认为左手卑贱，用其待人是极不礼貌的行为。

 **教育简况**

阿塞拜疆的教育发展历经了三个时期：一为阿塞拜疆人民共和国时期，教育系统主要由普通中等教育、高等专业教育和职业学校三个机构组成；二是阿塞拜疆苏维埃社会主义共和国时期，主要由人民教育部、高等和中等专业教育部和国家职业技术教育委员会负责国家教育的运行；三是独立后，1993年阿塞拜疆共和国总统决议将人民教育部改为教育部。

当前，阿塞拜疆的教育体系分为学前教育、普通中小学教育、职业技术教育、中等专业教育和高等教育。其中小学教育4年，初中教育5年。

阿塞拜疆著名的大学有哈扎尔大学、国立巴库大学等。

亚美尼亚共和国

基本概况

亚美尼亚共和国（The Republic of Armenia），简称"亚美尼亚"（Armenia），是一个以其民族名称命名的国家。亚美尼亚位于外高加索南部，北临格鲁吉亚，南靠伊朗，西接土耳其，东与阿塞拜疆接壤。政治体制为总统共和制。首都为埃里温（Yerevan）。

亚美尼亚气候随地势高低而异，从低到高由干燥的亚热带气候逐渐变成寒带气候。地处亚热带北部的内陆气候干燥，属于亚热带高山气候。1月平均气温–2℃—12℃，7月平均气温24℃—26℃。

亚美尼亚国土面积约2.97万平方千米，全国人口数量约为297万（2017年）。亚美尼亚族约占96%，其他民族有俄罗斯族、乌克兰族、亚速族、希腊族、格鲁吉亚族、白俄罗斯族、犹太人、库尔德族等。官方语言是亚美尼亚语，通用俄语。

经济简介

亚美尼亚自然地理条件相对恶劣，国内自然资源和能源原料储量匮乏，粮食自给率常年不足五成。建筑业是亚美尼亚的支柱产业，加工工业和采矿业较为发达，主要工业部门有机器制造、化学生物工程、有机合成、有色金属冶炼等。电力资源较为丰富，电力生产是亚美尼亚的支柱产业和重点产业。旅游业发展较快，主要旅游景点有首都埃里温、亚教会中心埃奇米亚津、塞万湖自然保护区、加尔尼神庙、格加尔德修道院、塔杰夫修道院、高山滑雪场察赫卡特佐尔、矿泉水疗养地捷尔穆克等。

亚美尼亚主要出口产品为宝石及其半加工制品、食品、非贵重金属及其制品、矿产品、纺织品、机械设备等；主要进口产品为矿产品、食品、化工产品等。主要贸易伙伴为俄罗斯、中国、德国、保加利亚、乌克兰、荷兰、比利时、美国、英国、伊朗、阿联酋等国。

亚美尼亚货币为德拉姆（Dram）。

商务交际

亚美尼亚人见面一般行握手礼，亲朋好友之间多行拥抱礼或亲吻脸颊。

亚美尼亚人称自己的国家是"海雅斯坦"，意思是"好客的民族"，对外来客人总要设宴款待。他们善于用羊肉烹制各式各样的菜肴，以此款待宾客。

亚美尼亚人非常健谈，善于跟客人谈论各种话题。

亚美尼亚长期保留着母权制，高龄女士备受人们的尊敬。

亚美尼亚人宴请客人时，喝酒一般不用杯子，习惯以牛角装酒，互相传递，以表示对客人的亲近和友好。用餐除在社交场合有时使用刀叉外，一般都惯于用手抓饭吃。

亚美尼亚民族服装独具特色。男子身穿短上衣，配灯笼裤，外罩毛料长袍，头戴皮帽。女子身穿绣花衬衣，外罩短上衣，配灯笼裤，头戴小塔形丝绸帽。

亚美尼亚人喜欢聚餐，席间载歌载舞。

亚美尼亚人性情平和，亲属家族关系密切。重视婚丧嫁娶。已婚男子习惯与父母、祖父母一起生活，许多家庭三代甚至四代同堂。

爱好与禁忌

亚美尼亚人喜饮咖啡，不善饮茶。喜食煎炸烤肉食物，喜肉胜于喜鱼，尤其喜食烤羊肉。

亚美尼亚人喜欢红色，认为是积极向上的色彩。

亚美尼亚人偏爱数字7，常在纪念自己传统的耶稣升天节和泼水节的前一天，姑娘们聚在一起把自己心爱的纪念品如扣子、顶针、珠子等投入陶罐内，然后倒进7碗水，放上7朵鲜花。夜间将陶罐放在露天星光下，由一位打扮漂亮的小女孩从陶罐里随意取出纪念品发给大家，每发一个纪品，大家要唱一首预言性歌谣，用以表示祝愿。

亚美尼亚人认为使用左手为客人服务是不礼貌的行为，忌讳用一根火柴给三个人点烟。

亚美尼亚人主要信奉基督教（亚美尼亚使徒教会）。每逢星期日教堂举行礼拜。参观教堂时要保持安静，不要喧哗。应尊重当地宗教习俗，男士脱帽，女士戴头巾。

 **教育简况**

　　亚美尼亚的《教育法》规定，国家公立学校应被视为教育领域国家政策的基础。当前的教育主要包括：学前教育、普通教育（包括初等、中等教育或基础教育和高中）、研究生教育、专业人员培训等。其中，初等教育4年，普通教育5年。亚美尼亚的普通中小学实行免费教育，大学对国家计划内的学生实行免费教育。

　　亚美尼亚主要的大学有埃里温国立大学、埃里温布留索夫国立语言大学、埃里温工学院、埃里温医学院和埃里温师范学院等。

摩尔多瓦共和国

基本概况

摩尔多瓦共和国（The Republic of Moldova），简称"摩尔多瓦"（Moldova），是位于东南欧的内陆国，与罗马尼亚和乌克兰接壤。摩尔多瓦南北长约为350千米，东西宽约为150千米，形如倒挂的葡萄串。政治体制为议会共和制。首都为基希讷乌（Chisinau）。

摩尔多瓦地处俄罗斯平原与喀尔巴阡山交接地带，属于温带大陆性气候。北方地区和南方地区的年平均气温明显不同：北方年平均气温为8℃，南方为10℃；1月份平均气温北方为–5℃，南方为–3℃；7月份北方为20℃，南方为25℃。年平均最低气温通常是在12月—2月之间。大部分国土处于雨量不充沛地区，年均降水量为400—550毫米。丘陵地区年降水量500—560毫米，平原地区400—450毫米。摩尔多瓦日照充足，有"阳光之国"的美誉。

摩尔多瓦国土面积约3.38万平方千米，全国人口数量约为355万。摩尔多瓦人与罗马尼亚人同宗同文，都是达契亚人的子孙。其中摩尔多瓦族约占75.8%，其余还有乌克兰族、俄罗斯族、加告兹族、罗马尼亚族、保加利亚族等。官方语言为摩尔多瓦语，俄语为通用语。

经济简介

摩尔多瓦是传统农业国家，葡萄种植和葡萄酒酿造业发达。国土面积约80%是黑土高产田，适宜农作物生长。种植业约占农业总产值的70%，主要农作物有玉米、冬小麦、大麦、裸麦；经济作物方面，主要有烟草、甜菜、大豆、向日葵、亚麻和大麻。向日葵是最重要的经济作物之一，摩尔多瓦曾是苏联水果（尤其是浆果）、玉米、向日葵和蔬菜等农作物的生产基地之一。烟草、水果和甜菜产量都很高，其中尤其以葡萄种植业最为知名。另外，摩尔多瓦的草药、香精、玫瑰油、母菊油、熏衣草油、鼠尾草油等享誉国际市场。摩尔多瓦的工业基础薄弱，工业产值中，食品加工工业、重工业、轻工业分别占据前三位。摩尔多瓦食品工业较发达，主要有葡萄酒酿造、肉类加工和制糖业等。轻工业主要有卷烟、纺织和制鞋。

摩尔多瓦主要出口商品为蔬菜、水果、粮食及其制品、食用油、酒类、烟草、药品、机械及运输设备、家具、服装、鞋类等；主要进口商品为石油、天然气、电力、蔬菜、水果、粮食及其制品、鱼、肉及其制品、奶制品、烟、酒、化学制品、药品、机械及运输设备、家用电器等。

摩尔多瓦货币为摩尔多瓦列伊（Moldova Leu）。

商务交际

摩尔多瓦人在礼节称呼上，一般习惯对男士礼貌地称"先生"，对女士则要按身份的不同称"夫人""小姐"等。一般只在亲密的朋友之间才用名字称呼对方。在较为正式的场合，应用头衔加姓氏。

摩尔多瓦人见面一般都习惯以握手为礼，握手时要尊敬地目视对方。男性朋友相见时，还常以相互抱肩膀为礼；女士一般要轻轻搂一搂对方并亲吻双颊。

在商务活动场合，宜穿保守式西装。拜访政府机关，要事先约定好，不可贸然造访。一年之中去摩尔多瓦进行商务活动最适宜的时间是当年9月至次年5月。

摩尔多瓦人时间观念强，对约会或宴请会准时赴约。

交谈时，不要谈论政治问题以及有关摩尔多瓦不好的地方。

摩尔多瓦人认为节假休息日神圣不可侵犯。他们对过节十分重视，通常互相庆贺、赠送礼品，因此每逢佳节礼品类的商品十分畅销。

摩尔多瓦人较少请外人到家中做客。若接受邀请去做客，一定不要忘记给女主人带上一份礼物。鲜花（红玫瑰除外）、香水、化妆品、咖啡等，是送给摩尔多瓦人的理想礼品。

摩尔多瓦人的生活和葡萄、葡萄酒密不可分。葡萄是摩尔多瓦这块土地上最古老的植物，种植历史可以追溯到公元前3000年。在乡村，家家备有葡萄酒窖。人们把葡萄看作富裕的象征，主人在款待宾客时，会献上自家酿制的葡萄酒。在相互祝愿时，最爱说"愿我们的生活像深秋的葡萄树一样硕果累累"。

爱好与禁忌

摩尔多瓦人喜爱绿色，把绿色看作是给人间带来美好和幸福的源泉；喜爱白色，认为白色为纯洁之色，象征着光明。摩尔多瓦人不喜欢吃米饭和油腻的食品，不习惯喝开水，人人都乐于饮生水（即自来水）。即使他们在国外，这个喝生水的习惯也固守不变。

摩尔多瓦人偏爱白玫瑰，并视其为"纯洁""幸福"的象征。人们还把玫瑰花喻为国花。他们在投亲会友时，特别喜欢送鲜花，但以送单数为吉利。

他们忌讳数字13，认为这是凶险和死亡的象征。喜欢数字7，认为7能带来成功和幸福。

摩尔多瓦人非常好客，常用家酿葡萄酒招待客人。客人不应拒绝主人的盛情，而应与主人碰杯，一饮而尽，以示友好和尊重。进餐时，主人忌讳别人玩弄刀叉或磕碰餐具，端起盘子吃菜喝汤也是很不雅观的，喝汤、吃面不能发出声响。

在公共场所，如教堂、影剧院、餐厅和公共电车、公共汽车内，不可大声喧哗。

教育简况

近年来，摩尔多瓦政府十分重视并着力推动教育的改革和发展，积极争取与国际组织及不同国家的教育合作。

摩尔多瓦的教育结构体系包括学前教育、初等教育、中等教育、高等教育和研究生教育。此外，特殊教育、辅助教育和成人教育也是教育体系的组成部分。摩尔多瓦实行免费的义务教育。教育结构分为学前教育、初级教育、中等教育和高等教育。其中，小学教育学制4年。

摩尔多瓦主要的大学有摩尔多瓦国立大学、摩尔多瓦国立农业大学、基希讷乌国立教育学院、医学院、艺术学院、音乐学院等。

波兰共和国

 **基本概况**

波兰共和国（The Republic of Poland），简称"波兰"（Poland），位于中欧东北部，西与德国为邻，南与捷克、斯洛伐克接壤，东邻俄罗斯、立陶宛、白俄罗斯、乌克兰，北濒波罗的海。境内大部分为低地和平原，地势北低南高，中部下凹。政治体制为半总统共和制。首都为华沙（Warsaw）。

波兰全境属于由海洋性向大陆性气候过渡的温带阔叶林气候。气候温和，冬季寒冷潮湿，平均气温−10℃—5℃；春、秋季气候宜人，雨水充沛；夏季凉爽，平均温度为15℃—24℃。全国平均年降水量为600毫米；南部丘陵地区和山区降水量最多，为1200—1500毫米；中部平原地区降水量最少，约为450—550毫米；一年之内降水量最多的季节为夏季（5—9月），约占年降水量的40%，主要在南部山区；降水量最少的时节为春夏之交，主要为中部地区。

波兰国土面积约为31.27万平方千米。全国人口数量约为3842万（2018年11月）。其中波兰族约占98%，此外还有德意志族、白俄罗斯族、乌克兰族、俄罗斯族、立陶宛族、犹太人等少数民族。官方语言为波兰语，全国约90%的居民信奉罗马天主教。

经济简介

波兰主要矿产有煤、硫磺、铜、锌、铅、铝、银等。琥珀储量丰富，是世界琥珀生产大国。工业以机器制造、造船、汽车和钢铁为主。农业主要种植小麦、黑麦、大麦、燕麦、甜菜、土豆、油菜等。旅游资源丰富，主要旅游胜地有首都华沙、沿海城市革但斯克、索波特和什切青，以及托伦、奥尔什丁、南部古城克拉科夫、山城扎科帕内、克雷尼察和东部的比亚沃维扎森林区等。游客多来自德国、乌克兰、白俄罗斯、俄罗斯、英国、荷兰、奥地利、拉脱维亚、意大利、丹麦、西班牙、瑞典、法国和美国等国。

波兰主要进口石油、汽车、钢铁、合成材料及工业成品油等；主要出口汽车、内燃机、橡胶制品、铝制品、农产品等。主要贸易伙伴有德国、英国、捷克、法国、俄罗斯、意大利、荷兰、中国等国。

波兰货币为兹罗提（Zloty）。

商务交际

波兰人对称呼十分重视，一般称呼男士为"Pan"（先生），称呼女士则为"Pani"（小姐或女士）。在社交场合，波兰人多会称呼对方为"您"。若以"你"相称，多意味着双方关系十分密切。

在波兰，最常用的见面礼节有握手礼和拥抱礼。亲朋好友相见时，常施拥抱礼。一些较高层次的社交场合，也会施吻手礼。一般而言，施吻手礼的对象应为女士，行礼时男士捧起女士的手在其指尖或手背上轻吻一下，注意不可吻出声响或吻到手腕上。

与波兰人交谈时，不要为了加重说话语气而用手指指点点，也不可以用手指向对方的脸，这在波兰人看来都是不尊重人的行为。交谈时若做出伸懒腰、打哈欠等动作，在波兰人看来是不耐烦的表示。

正式场合，男士宜穿保守式样的西装，女士宜穿套裙。若逢重大活动，一般会在请柬上注明对来宾着装的要求。出席音乐会等高雅艺术演出时，服装应整洁得体，不能穿休闲服和休闲鞋。

与波兰人交往时，可多提及波兰的伟人以及他们对世界文明的贡献，能有效拉近彼此的关系。与波兰人喝酒时，最好不要强行劝酒，随意为佳。

与波兰人面对面交流时，最好能保持25—40厘米的距离。除握手外，尽量不要与之有身体接触。

应邀去当地人家里就餐时，可以带一束鲜花，鲜花数要为奇数。

波兰人受宗教影响，喜欢佩挂"十字架"的装饰，如项链、胸徽等。

爱好与禁忌

波兰人喜欢三色堇，并将其定为国花。红、白两色是波兰人民喜爱的传统颜色，也是国旗的颜色。白鹰象征波兰人民不屈的爱国精神。

波兰的天主教徒每星期五不吃猪肉。据说，星期五是耶稣被钉死在十字架上的受难日。波兰人也比较忌讳13这个数字，忌在13日、星期五举行任何礼仪性活动。

饮食方面，波兰人一般都忌吃动物内脏（肝、牛肚除外），也不太喜欢吃动物身体的一些特殊部位，如舌头、蹄爪、尾巴等。波兰人喜爱猫狗，因此对食用它们的肉的行为非常反感，甚至提出抗议。忌讳嘴里含有食物而说话。

波兰人忌讳他人打听个人的工资、年龄、宗教和社会地位等问题。

教育简况

波兰从1999年实行新的教育体制。现行教育系统分为小学学制6年，初中学制3年，高中学制3年。小学和初中这9年的教育为义务教育。波兰的高等教育一般为4—5年。

小学阶段通常从7岁开始，分为整合教学阶段和分科目教学阶段，前一阶段主要由教师一个人负责所有科目，后一阶段则按不同科目进行教学。初中阶段历时3年，教学内容主要包括波兰语、历史、公民教育、外语、数学、物理与天文学、化学、生物、地理、音乐美术、信息技术、体育和宗教等。2017—2018年起，波兰计划解散中学阶段，将小学阶段延伸至8年。高中教育阶段形式多样，学生中学毕业后可以在普通高中接受教育，也可进入技术学校或基础职业学校接受教育。技术学校学制4年，基础职业学校学制2年，可获得能力证书。高等教育阶段，3年获得学士学位，2年获得硕士学位。博士阶段一般也在3年内完成。

波兰著名的大学有克拉科夫雅盖隆大学、华沙大学、波兹南密茨凯维奇大学、华沙工业大学等。

立陶宛共和国

 **基本概况**

　　立陶宛共和国（The Republic of Lithuania），简称"立陶宛"（Lithuania），位于波罗的海东岸，北接拉脱维亚，东南毗邻白俄罗斯，西南方是俄罗斯加里宁格勒州和波兰。政治体制为议会共和制。首都为维尔纽斯（Vilnius）。

　　立陶宛属于海洋性向大陆性过渡的气候，冬季较长，多雨雪，日照少；9月中旬至次年3月中旬温度最低，1月份平均气温为–4℃—7℃；夏季较短而且凉爽，日照时间较长；6月下旬至8月上旬最温暖，7月平均气温16℃—20℃。地势平坦，东部和西部丘陵起伏，境内多湖泊。

　　立陶宛国土面积约为6.53万平方千米，全国人口数量约为287万（2016年），其中立陶宛族约占83.1%，波兰族约占6%，俄罗斯族约占4.8%，另外还有白俄罗斯族、乌克兰族、犹太人等民族。官方语言为立陶宛语，官方正式资料及文件全部用立陶宛语或英语书写。立陶宛人主要信奉罗马天主教，此外还有东正教、新教路德宗等。

经济简介

　　立陶宛森林和水资源丰富，自然资源匮乏，但盛产琥珀，所需石油和天然气依靠进口。工业是立陶宛的支柱产业，主要由矿业及采石业、加工制造业以及能源工业三大部门组成。农业以水平较高的畜牧业为主，占农产品产值的90%以上，农作物亚麻、马铃薯、甜菜和各种蔬菜谷物产量很低。旅游业较为发达，主要旅游景点为维尔纽斯老城、特拉盖古堡、凯尔纳维遗址、尼达沙丘、帕兰加、希奥利艾十字架山、德鲁斯基宁盖等。游客主要来自俄罗斯、波兰、德国和拉脱维亚等国。

　　立陶宛主要出口产品是矿产品和纺织品；主要进口商品是矿产品和机电产品。主要出口国为英国、俄罗斯、德国、拉脱维亚、波兰等国，主要进口国为俄罗斯、德国、意大利、波兰等国。

　　立陶宛货币为欧元（Euro）。

商务交际

在立陶宛，见面时一般行握手礼，好友相见大多施拥抱礼，亲友相见还常施吻礼，即吻额、吻面颊、吻手等。

交谈时，立陶宛人常使用"请"与"谢谢"，即使对自己非常熟悉的人也不例外。与宾客交谈时，习惯轻声细语。

立陶宛人在社交场合注重"女士优先"，无论是行走、乘车等都惯于给予女士特殊的照顾。

聚会时，不要询问他们的工资、年龄、宗教等问题。

立陶宛人设宴用餐时乐于保持餐桌的洁净、整齐和美观。

爱好与禁忌

饮食上，立陶宛人不喜欢吃虾及海味的菜肴。主要食物有面食、土豆、甜菜、白菜、羊肉和奶制品等，火腿、香肠、熏猪肉是传统肉制品。

立陶宛人喜爱红色，认为红色为喜庆、欢乐、胜利之色。

他们忌讳一人为三人点烟，认为这样会给人带来厄运；不喜欢数字13和星期五，认为二者会给人带来厄运和灾难。

立陶宛人在休息日时爱好外出旅游，喜爱体育运动，在住宅建筑和装修上都比较注重追求舒适安逸。

教育简况

立陶宛的教育管理机构主要是教育和科学部、议会教科文委员会和国家科学委员会。重大教育问题由议会或政府与国家科学委员会协商决定。

当前，立陶宛实行10年的基础教育制度，即初等小学（1—4年级）、基础中学（5—10年级）。基础中学毕业后，学生可选择进入高级中学（2年）、职业学校（3—4年）、音乐学院（6年）或职业教育中心。高级中学毕业后可进入高校进行为期4—5年的本科学习。

立陶宛主要的大学有维尔纽斯大学、维尔纽斯师范大学、盖迪米纳斯理工大学、考纳斯维陶塔斯大学、考纳斯理工大学、考纳斯医学院和立陶宛军事学院等。

爱沙尼亚共和国

 **基本概况**

爱沙尼亚共和国（The Republic of Estonia），简称"爱沙尼亚"（Estonia），位于波罗的海东海岸，东与俄罗斯接壤，南与拉脱维亚相邻，北邻芬兰湾，与芬兰隔海相望，西濒里加湾。政治体制为议会共和制。首都为塔林（Tallinn）。

爱沙尼亚属海洋性气候，受海洋影响明显，春季凉爽少雨，夏秋季温暖湿润，冬季寒冷多雪，冬季平均气温7℃，夏季平均气温16℃，年平均降水量500—700毫米。境内多湖泊和沼泽，地势低平，间有低矮丘陵，平均海拔50米。

爱沙尼亚国土面积约为4.53万平方千米，全国人口约为132万（2018年）。主要民族有爱沙尼亚族、俄罗斯族、乌克兰族和白俄罗斯族。爱沙尼亚语为官方语言，英语、俄语亦被广泛使用。居民主要信奉新教路德宗、东正教和天主教。

经济简介

爱沙尼亚自然资源匮乏，主要矿产有油页岩、磷矿、石灰岩等。主要工业有机械制造、木材加工、建材、电子、纺织和食品加工业。农业以畜牧业和种植业为主，畜牧业主要饲养奶牛、肉牛和猪，主要农作物有小麦、黑麦、马铃薯、蔬菜、玉米、亚麻和饲料作物。主要旅游景点有塔尔图和塔林历史中心。

爱沙尼亚主要进出口商品有机电产品、矿产品、农产品、交通运输设备、金属、木材制品等。主要贸易伙伴是欧盟成员国。

爱沙尼亚货币为欧元（Euro）。

商务交际

在称呼爱沙尼亚当地人的时候，要用对方的姓加上头衔。除非征得同意，否则不要用名字的第一个字来称呼对方。

与男士见面时，双方要介绍自己的名字并握手致意，然后交换名片，离开时也要握手。男士要等女士先伸出手才能与之握手。在社交场合，需要准备好名片，确保会场每个人都有一张您的名片。初次会面之前，要事先将您的职务和职责告诉对方。

出席商务活动时，着装要求整洁，风格宜保守。男士要穿商务正装，着白色或浅色的衬衣，系色彩柔和的领带。女士要穿优雅大方的套装或礼服。

商务会面一般会准时开始，访问者必须准时参加，人们一般会遵守日程安排和最后期限。

找一个当地的代理人或经销商有助于您的商业谈判。商务洽谈时需要保持冷静，不要在公开场合发怒，要有足够的耐心。要等到对方说完之后才可以阐述自己的观点。

就座和站立时，当地人习惯保持的距离与北欧国家较为相似，两人之间大概有一臂的间隔。在商务场合，通常不会有肢体接触。当建立了较为良好的关系之后，可以有一些相对亲密的行为。

谈判的时候，适当地注视对方会显得比较有礼貌，但不要一直盯着对方看。

在爱沙尼亚，面部表情不要过多，同时手势也要少一些。在谈话的时候，不要把手放在口袋里。达成共识之后，要以正式合同的形式详细列出讨论的内容。签署合同之前要仔细检查各项文件，同时要在装订的合同中附上英文译本。

如果应邀到爱沙尼亚人家里做客，尽量准时到达，并准备一份礼物，如数量为奇数的鲜花。注意，在把花交给女主人之前，不要把花束解开。此外，还可以带上一瓶进口酒或一份品质上好的巧克力。

在爱沙尼亚的公共场所，除家庭成员外，一般人见面时很少拥抱或亲吻。

爱好与禁忌

爱沙尼亚人平常饮食以烤肉、沙拉、面包、土豆泥、意大利面等为主。

在公共场合尽量减少过多的身体接触，不要大声喧哗。送花时，注意不要送单数。

教育简况

爱沙尼亚的教育体系包括学前教育、基础教育、普通中等教育、职业教育和高等教育。基础教育阶段实行义务教育，即1—9年级，儿童年满7岁入学。学生完成基础教育后，可以继续接受中等教育或者职业教育。职业教育由中等职业学院和中学后职业学校提供。中学后职业学校提供高等职业教育。高等教育可分为两大平行部分，即文凭课程和高等学术教育。高等学术教育包括本科、硕士和博士教育。爱沙尼亚学校的教学第一语言多为英语，在一些学校也用德语、俄语、芬兰语或意大利语进行教学。

爱沙尼亚著名的大学有塔尔图大学和塔林大学等。

拉脱维亚共和国

基本概况

拉脱维亚共和国（The Republic of Latvia），简称"拉脱维亚"（Latvia），国名源自民族语，意为"铠甲""金属制的服装"。拉脱维亚西邻波罗的海，与在其北方的爱沙尼亚及在其南方的立陶宛共同称为波罗的海三国；东与俄罗斯、白俄罗斯两国相邻。政治体制为议会共和制。首都为里加（Riga）。

拉脱维亚属温带阔叶林气候，年降水量550—800毫米，较湿润。夏季白天平均气温23℃，夜晚平均气温11℃，冬季沿海地区平均气温零下2℃—3℃，非沿海地区零下6℃—7℃。平均年降水量633毫米，湿度大，全年约有一半时间为雨雪天气。

拉脱维亚国土面积约为6.46万平方千米。全国人口数量约为196.6万（2016年），其中拉脱维亚族约占62%，其余还有俄罗斯族、白俄罗斯族、乌克兰族、波兰族等。官方语言为拉脱维亚语，通用俄语。国民主要信奉基督教路德教派和东正教。

经济简介

拉脱维亚有泥炭、石灰石、石膏、白云石、石英沙等少量矿产资源。野生物种丰富，森林覆盖率高。工业支柱产业有采矿、加工制造及水电气供应等。农业包括种植业、畜牧业、渔业等行业。旅游业较为发达，主要景点有里加古城、尤尔马拉海滨、希古达和采西斯风景区、露天民俗博物馆、隆达列宫等。游客主要来自立陶宛、爱沙尼亚、俄罗斯、挪威、瑞典、德国等国。

拉脱维亚主要出口商品是木材、木制品及木炭、钢铁、矿物燃料；主要进口商品为矿物燃料、机械用具及零配件、车辆及零配件。主要贸易伙伴为周边欧盟成员国和独联体国家，主要出口国为立陶宛、爱沙尼亚、俄罗斯等国；主要进口国为立陶宛、德国、俄罗斯等国。

拉脱维亚货币为欧元（Euro）。

商务交际

当向别人介绍他人时，拉脱维亚人会在他们的姓名前加上尊称，男性为"kungs"，女性为"kundze"。在他们没有让您直呼他们的名字之前，请使用他们的姓氏进行称呼。拉脱维亚人见面时一般行握手礼。

预约见面时，要询问对方是否需要带一名翻译。

与重视关系的亚洲人、阿拉伯人和拉丁美洲人相比，大多数拉脱维亚人和立陶宛人一般以生意为重。谈判者通常很快进入谈判状态，并不像在欧洲南部和地中海沿岸的国家那样，需要事先谈论生意之外的话题联络感情。

与目标顾客和生意伙伴进行直接的接触一般并不十分有效，如果有人推荐或帮忙引荐，将会提高商谈成功的机率。

拉脱维亚人有较强的时间观念，商务会谈一般准时开始，访问者应该准时参加。商谈的会议通常不会被打断。

送礼时，礼物不需要多昂贵，重要的是送礼的心意。如果您受邀去拉脱维亚人家中做客，可带上巧克力、进口酒、水果或者一束鲜花。注意，送花的朵数需是奇数。拉脱维亚人在收到礼物后一般会当着送礼人的面打开。

拉脱维亚人一般在餐厅招待客人，较少在家中待客。拉脱维亚的餐桌礼仪比较正式，在主人没有招呼坐下前，先别坐下，他们或许会留一个专门的位子给您。吃饭时左手拿叉，右手拿刀。在女主人没有开始用餐或没请您用餐前，不要自己先用。用餐时注意吃完餐盘上的食物。

每逢重要节日时，拉脱维亚人会与家人朋友互赠礼物。

拉脱维亚人性格内向、含蓄。男子少言寡语，女性在社会家庭中占重要地位。

爱好与禁忌

拉脱维亚的食品与北欧其他国家类似，油腻而且丰盛。肉和蔬菜是拉脱维亚传统饮食中重要的主食。拉脱维亚也有自己的特色菜，例如奶油大麦汤、牛奶鱼汤、夹着腊肉和洋葱的馅饼以及黑面包布丁。

拉脱维亚人喜欢喝啤酒，里加啤酒可以和任何其他著名品牌啤酒相媲美。拉脱维亚人饮酒的传统可以回溯到古时候。那时候出色的酿造技术成就了今天多种的啤酒种类。

 **教育简况**

拉脱维亚脱离苏联以来主要进行过三次教育改革，第一阶段主要在1990—1995年，主要为脱离原苏联时期意识形态的影响，逐步加强教育行政管理上的民主化，为更深层次的教育改革铺平道路；第二阶段是1996—2001年，深化体制改革，在法律制度上建立保障机构；第三阶段是2002年至今，在原有体制改革措施基础上深化改革。拉脱维亚基本完成了教育的民主化改革，加快了拉脱维亚教育向欧洲及世界的接轨进程。

拉脱维亚实行9年义务教育，允许私人办学。大学实行公费和自费两种制度。拉脱维亚已加入博洛尼亚进程，高校普遍实行学士、硕士和博士三级学位制度及欧洲学分转换系统。拉脱维亚的高校主要以拉脱维亚语教学，但大多数高校都能提供英语和俄语两种外语课程，外国学生到拉脱维亚学习必须熟练掌握所需的教学语言。

拉脱维亚的大学主要有拉脱维亚大学、里加工业大学、拉脱维亚农业大学、波罗的海俄罗斯学院、拉脱维亚医学院、拉脱维亚海洋学院、拉脱维亚音乐学院、拉脱维亚艺术学院等。

捷克共和国

基本概况

　　捷克共和国（The Czech Republic），简称"捷克"（Czech）。捷克东面毗邻斯洛伐克，南面与奥地利接壤，北面邻接波兰，西面与德国相邻。政治体制为议会共和制。首都为布拉格（Prague）。

　　捷克属海洋性向大陆性气候过渡的温带气候。夏季炎热，冬季寒冷多雪；其中7月最热，1月最冷。如首都布拉格平均气温7月份为19.5℃，1月份为–5℃。

　　捷克国土面积约为7.89万平方千米，由波希米亚、摩拉维亚和西里西亚三部分组成。全国人口数量约为1064万（2018年），主要民族为捷克族，约占90%；其他民族有摩拉维亚族、斯洛伐克族、德意志族和波兰族等。官方语言为捷克语，主要宗教是罗马天主教。

经济简介

　　捷克褐煤、硬煤和铀矿蕴藏丰富，其中褐煤和硬煤储量居世界前列。石油、天然气和铁砂储量较小，依赖进口。其它矿物资源有锰、铝、锌、萤石、石墨和高岭土等。工业主要包括机械制造、化工、冶金、纺织、制鞋、木材加工、玻璃制造和啤酒酿造等。农业较为发达，森林覆盖率高。旅游业发展迅速，主要旅游城市有布拉格、克鲁姆洛夫、卡洛维伐利等，游客主要来自德国、俄罗斯、荷兰、丹麦、英国、西班牙等国。

　　捷克的进口商品主要有石油、天然气、计算机、轿车及配件、电信设备、机械设备、医药产品和器械、铁矿石、载重汽车和家用电器等，出口商品主要有轿车及配件、电力、钢材、机械设备、玻璃制品、木材、化工产品、轮胎、家具等。主要贸易对象为德国、斯洛伐克、波兰、中国、意大利、法国、奥地利、英国和荷兰等国。

　　捷克货币为克朗（Krona）。

 商务交际

捷克人大多数只有一个姓和一个名，为了与同名同姓而且身份又相近者相区别，有的人会加一个中间名。称呼时，一般称呼对方为"先生""小姐"，见面时一般行握手礼。交谈时，捷克人喜欢谈论体育运动，不常谈论政治问题和家庭琐事等。

捷克人在穿着上比较讲究，正式场合男士一般穿西装，女士一般穿具有传统风格的黑色或深红色裙。

捷克人在家里宴请客人时，往往会在请柬上注明自带餐具。

与捷克人进行商业洽谈时，一般要提前预约商谈时间。正式谈判前应准备充分，在谈判过程中应有耐心。

 爱好与禁忌

捷克将玫瑰花视为国花，人们普遍忌讳红三角图案。

在公共场所不能大声喧哗，购物时讲究排队礼让。不喜欢在公众场合搂肩搭背。

多数人忌讳数字13，不可打听他人隐私，尤其是工资和女性岁数。

捷克人重视红白喜事，重视庆贺50岁诞辰。

捷克人不喜欢柳树和柳树制品。

捷克人喜欢喝啤酒，人均年啤酒消费量约160升，居世界前列。

 教育简况

捷克实行9年制义务教育，高中、大学实行自费和奖学金制，但国家对学生住宿费给予补贴。1990年捷克颁布相关法律，允许成立私立性质学校和教会学校。

捷克的高等教育分为三个阶段，第一阶段是本科教育，学制3—4年，学生毕业后通过国家考试获得学士学位；第二阶段是硕士教育，学制1—3年或 4—6年，其中已获得学士学位的学生学制为1—3年，长硕士学位课程（不以学士学位为前提）学制为4—6年。设立长硕士学位的专业有医学、兽医、药学、法律等。这两种硕士学位课程都颁发硕士学位。第三阶段为博士教育，学制3—4年。

捷克著名的大学有查理大学、捷克技术大学、马萨里克大学、布拉格经济大学和帕拉茨基大学。

斯洛伐克共和国

 基本概况

斯洛伐克共和国（The Slovak Republic），简称"斯洛伐克"（Slovakia），位于欧洲中部，原捷克斯洛伐克联邦共和国的东部，北临波兰、东接乌克兰，南接匈牙利，西南与奥地利接壤，西接捷克。政治体制为议会共和制。首都为布拉迪斯拉发（Bratislava），是斯洛伐克最大的内河港口和政治、经济、文化及石油工业中心。

斯洛伐克属于海洋性向大陆性气候过渡的温带气候，四季交替明显。全国平均气温9.8℃，最高气温36.6℃，最低气温–26.8℃。年降水量500—700毫米，山区降水量在1000毫米以上。

斯洛伐克国土面积约为4.9万平方千米。全国人口数量约为543万（2016年），其中斯洛伐克族占80.7%，匈牙利族占8.5%，罗姆吉卜赛人占2%，其余为乌克兰族、德意志族、波兰族和俄罗斯族等。斯洛伐克人大多信奉罗马天主教。

经济简介

斯洛伐克的矿产资源主要有褐煤、硬煤、菱镁矿，石油、天然气主要依赖进口。工业主要有钢铁、烟草加工、交通工具、石化机械汽车等。农业主要种植大麦、小麦、玉米、油料作物、马铃薯、甜菜等，畜牧业比较发达。斯洛伐克风景优美，旅游资源丰富，主要旅游景点有斯皮思城堡、巴尔代约夫、布拉迪斯拉发等。

斯洛伐克主要出口商品有钢铁机械产品、化工产品、矿物燃料、金属和金属制品、电力设备等；主要进口商品有石油、天然气、机械设备、原材料等。主要贸易伙伴为德国、捷克、俄罗斯、意大利、奥地利、波兰、法国、匈牙利、英国、荷兰、比利时和美国等国。

斯洛伐克货币为欧元（Euro）。

商务交际

在斯洛伐克，见面一般行握手礼。拥抱、亲脸、贴面颊等礼节一般仅限于亲人之间。

欢迎远道而来的朋友时，主人会穿民族服装，捧出面包和盐来接待客人。斯洛伐克人对客人十分热情，常常设宴款待。

斯洛伐克人乐于同客人爽朗碰杯，让人有亲近感。他们不喜欢大声说话以及敲桌子，交流时适宜保持25—40厘米的距离；除握手之外，要尽量避免身体接触。

参加商务会议时，男士应穿深色西装和系领带；女士穿庄重的礼服或套装。介绍他人时，要在姓氏前加专业或学术职称，只有亲戚和亲密朋友之间才直接使用名字。

斯洛伐克人一般认为斯洛伐克是中欧的一部分，而不属于东欧。与他们交谈时，最好不要谈论政治，适合谈论的话题有足球、冰球、散步、自行车和音乐。

斯洛伐克人讲信用，注重关系，一般不轻易接受陌生人的业务，常常需要较长的时间来了解新的生意伙伴。

斯洛伐克人说话比北欧和北美人含蓄，很少直接说"不"，一般会选择含蓄的回答方式。

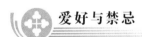

爱好与禁忌

斯洛伐克人喜爱象征高贵的蓝色和象征热情的红色。喜食肉制品和奶制品，较少食用海鲜。食用较多的蔬菜水果是西红柿、圆白菜、土豆、苹果、香蕉等。

他们将13和星期五视为不吉祥的数字和日期。

斯洛伐克人讲究谦逊礼让，注重公共秩序，公共场合不宜大声喧哗。

斯洛伐克人不喜欢他人盯视自己，忌讳交叉式握手和交叉式谈话。

一些人对红三角的图案较为敏感，将其视为有毒标记。

送花以单数为宜，小朵菊类花卉多为扫祭时使用。斯洛伐克人认为柳树虽美，但枝条低垂，象征悲哀。

教育简况

斯洛伐克的教育体系包括五个部分：学龄前教育阶段，主要针对3—6岁幼儿开设幼儿园；初等和初中级别的教育阶段，初等教育学制为4年，初中级别教育学制5年；高中级别教育阶段，受教育的学生开始在这一阶段分流；高等教育阶段，分为学士、硕士与博士三个层次；成人教育阶段，进行成人继续教育，提升成人专业能力。

当前，斯洛伐克实行10年制义务教育，主要面向6—16岁的学龄儿童，给学生提供免费的初等教育、初中级别教育和一年级的高中级别教育。中等教育阶段开始分流，中学教育阶段的学校类型分为三种：一般中等学校、中等职业学校和艺术学校。

斯洛伐克的大学主要有考门斯基大学、斯洛伐克技术大学、艺术学院等。

匈牙利共和国

基本概况

匈牙利共和国（The Republic of Hungary），简称"匈牙利"（Hungary），是位于欧洲中部的内陆国家。多瑙河及其支流蒂萨河纵贯全境，东邻罗马尼亚、乌克兰，南接斯洛文尼亚、克罗蒂亚及塞尔维亚和黑山、南斯拉夫，西与奥地利为邻，北同斯洛伐克接壤，大部分地区为平原和丘陵。政治体制为议会共和制。首都为布达佩斯（Budapest）。

匈牙利属于大陆性温带阔叶林气候，气候变化较大，国内不同地区之间温度差别也较大，全年平均气温为10.8℃。7月和8月最热，虽然夏天的平均气温在21.7℃左右，但这两个月的气温有时会超过30℃，最高达到34.5℃。冬天也不十分寒冷，最冷的月份为1月和2月，平均气温为-1.2℃。

匈牙利国土面积约为9.3万平方千米。全国人口数量约为982万（2016年），主要民族为匈牙利（马扎尔）族，约占90%，少数民族有斯洛伐克、罗马尼亚、克罗地亚、塞尔维亚、斯洛文尼亚、德意志等族。官方语言为匈牙利语。居民主要信奉天主教和基督教，其中天主教人数占比最高，占六成以上。

经济简介

匈牙利自然资源比较贫乏，主要矿产资源是铝矾土，蕴藏量居欧洲第三位，此外有少量褐煤、石油、天然气、铀、铁、锰等。工业发展较快，主要包括煤炭、天然气、石油等。农业基础也较好，主要农产品有小麦、玉米、甜菜、马铃薯、葡萄等。匈牙利的旅游业较发达，独特的自然风光和人文景观使其成为旅游大国，旅游业是该国外汇重要来源之一。主要旅游点有布达佩斯、巴拉顿湖、多瑙河湾、马特劳山等。

匈牙利进口的主要产品有石油、天然气、汽车零部件、计算机设备、汽轮机、测量仪器；出口的产品有电子产品、机械设备、交通工具（非铁路）以及化工产品等。匈牙利的主要贸易伙伴有德国、奥地利、意大利、法国、美国等国。

匈牙利货币为匈牙利福林（Hungarian Forint）。

商务交际

匈牙利人的姓在前，名在后。称呼时一般只称姓不称名。见面时，一般以握手为礼，有时也行拥抱礼。行握手礼时，一般要等女士先伸出手，男士才能与她握手。

介绍时，要在姓氏前加头衔，只有亲戚和亲密朋友之间才直接使用名字。商人见面一般要交换名片，名片上应注明您的公司名称和职位。

出席商务活动或宴会时，男士一般穿西装，女士则穿长裙晚礼服。

大多数匈牙利人认为自己的国家属于中欧国家，而不是东欧国家。与匈牙利人聚会时，谈论的话题大多涉及的是体育、音乐、匈牙利食品以及美酒等等，应尽量避免谈论政治和宗教话题。

匈牙利人有较强的时间观念，开会时通常准时甚至提前五分钟到场。商业会见务必提前预约，不可贸然造访。

多数匈牙利人会说英语或德语。见面之前，最好问一下对方，是否需要安排一名翻译。因为虽然很多匈牙利人的公司有翻译，但他们通常在商务会谈中不带翻译。

匈牙利人说话较为含蓄，意见不一致时也会有礼貌地回避。与他们谈判时不要大声说话，声音要柔和；不要敲桌子或面对面地商谈，距离一般在25—40厘米比较合适。

商业活动中不流行赠送礼物。如果应邀去匈牙利人家里吃饭，可以带进口的白酒、巧克力或一束鲜花，注意鲜花数量应为奇数。请客席位忌单数。

商务活动设宴招待匈牙利商人，可选择西餐，时间适宜安排在晚上，地点可选大饭店、宾馆。菜肴选择方面不宜选用面条、通心粉和糊状食品，可选些匈牙利人爱吃的烤乳猪、炒肝尖、红烧牛肉、烤鸭、辣子鸡球、奶油菜花等菜肴。匈牙利人一般不吃奇形怪状的食物。

在匈牙利，一般需要支付小费。餐厅及出租车的小费约占支付费用的10%至15%。

爱好与禁忌

匈牙利人的主食为面食，爱吃巧克力甜点，肉类喜食猪、牛、鸡、鸭、鹅、鱼及猪肝等，蔬菜喜食白菜、洋葱等。

他们忌讳13和星期五。

他们一般把打破玻璃看成是不祥的预兆。

 **教育简况**

匈牙利的教育主要由教育部负责管理，1986年9月实施新的教育法，扩大各类学校业务和经济方面的自主权，学校生活进一步民主化。1993年通过了第一部高等教育法。

当前，匈牙利实行12年制的义务教育，幼儿可免费入托，主要为3—6岁的儿童提供。小学实行免费教育，年龄在6—18岁，学制8年。中学（包括职业中学）学制4年，大学学制4—6年，医科大学学制7年。除了公办学校外，还有教会学校、私立学校和基金会学校。匈牙利的公立高等教育体系包括大学和其他高等教育机构。学生在校期间可以获得免费的健康保险。英语和德语是高等教育这个阶段最为常用的语言。

匈牙利著名的大学主要有佩奇大学、奥步达大学等。

斯洛文尼亚共和国

 **基本概况**

斯洛文尼亚共和国（The Republic of Slovenia），简称"斯洛文尼亚"（Slovenia），位于欧洲东南部，巴尔干半岛西北端，西接意大利，北邻奥地利和匈牙利，东部和南部与克罗地亚接壤，西南濒临得里亚海。政治体制为议会共和制。首都为卢布尔雅那（Ljubljana），是该国的政治、文化中心。

斯洛文尼亚四季分明，沿海地区为地中海气候，中部为大陆性气候，山区为高山气候。7月份平均温度在20℃以上，1月份的平均温度为0℃左右。

斯洛文尼亚国土面积约为2.03万平方千米，全国人口约为207万（2018年）。主要民族为斯洛文尼亚族，约占83%；少数民族有匈牙利族、意大利族和其他民族。官方语言为斯洛文尼亚语，居民主要信奉天主教。

经济简介

斯洛文尼亚矿产资源贫乏，主要有汞、煤、铅、锌等。森林和水力资源丰富，森林覆盖率约为49.7%。工业较发达，电力工业先进，另有黑色冶金、造纸、家具制造、制鞋、纺织、电子机械和食品等工业。农产品以马铃薯、谷物、水果为主，畜牧业主要饲养牛、猪、羊等牲畜。旅游业比较发达，主要旅游区是亚得里亚海海滨和阿尔卑斯山区，主要旅游景点是特里格拉夫山区国家公园、布莱德湖、波斯托伊那溶洞等。游客主要来自意大利、德国、奥地利和克罗地亚等国。

出口在斯洛文尼亚的国民经济中占有重要地位，出口产值占国民生产总值的一半以上。主要出口产品为运输车辆、电力设备、机械设备、服装家具、药品和制药设备、有色金属制品等；主要进口产品为石油制品、生活用品、食品、钢铁、纺织品等。主要贸易伙伴是德国、意大利、法国、克罗地亚等国。

斯洛文尼亚货币为欧元（Euro）。

商务交际

在斯洛文尼亚，见面一般行握手礼。见面时拥抱、亲脸、贴面颊等方式仅限于亲人或熟人之间。在公共场合，关系亲近的女士之间亲脸，男士之间拥抱，男女之间贴面颊。对尊贵的女宾，往往是亲其手背表示尊敬。

在社交场合，斯洛文尼亚人注重服饰文明，男士多穿西装，女士多穿裙装。

在欢迎远道而来的朋友时，主人一般会穿上民族服饰，并捧出面包和盐，请客人撕一小片面包蘸盐吃，寓意主人即使清贫到只有面包和盐，也会对朋友热情慷慨。这一风俗在现代社会中已经没有先前那么流行，日常生活中传统服装出现得也比较少。

商务谈判时，斯洛文尼亚人待人谦恭，思维比较活跃。他们善于对各种谈判条件权衡利弊，重视友情和经营人际关系。

斯洛文尼亚男子的民族服装主要是衬衣和长裤，加上背心、短外套、帽子等。妇女的民族服装是绣花或有花边的短衬衣、背心、裙子、围裙、腰带、头巾。但日常生活中已较少能看到传统服装。

爱好与禁忌

斯洛文尼亚人民勤奋、能吃苦，彬彬有礼，不善言辞。

他们对葡萄酒情有独钟，历史悠久的酿酒传统形成了斯洛文尼亚的"酒文化"。

携带物品进入斯洛文尼亚应注意：白酒数量不可超过1升，葡萄酒不能超过2升，香烟不能超过200支。

教育简况

斯洛文尼亚的教育包括四个阶段：学前教育、基础教育、高中教育和高等教育。根据《斯洛文尼亚共和国宪法》的规定，基础教育（包括小学和初中教育）属于义务教育阶段，由国家资助，提供给6—15岁年龄段的学生。学校一般选在当地社区建立，方便孩子入学；大部分学生在公立学校就读，极少部分学生进入私立的基础教育学校，另有部分学校专为特殊儿童提供教育。

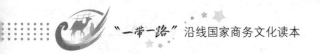

斯洛文尼亚实行12年的义务教育制度。小学学制8年，中学学制4年，大学学制4—6年。高中分为三种：职业高中、技术高中和普通高中。高等教育包括短期高等职业教育和高等教育，学制2—4年。欧盟成员国和当地全日制的学生可免费就读大学。教学语言为斯洛文尼亚语。

斯洛文尼亚主要的大学有马里博尔大学和卢布尔雅那大学等。

克罗地亚共和国

 **基本概况**

克罗地亚共和国（The Republic of Croatia），简称"克罗地亚"（Croatia），位于欧洲中南部，巴尔干半岛的西北部。克罗地亚西北和北部分别与斯洛文尼亚、匈牙利接壤，东部和东南部与塞尔维亚、波斯尼亚和黑塞哥维那、黑山为邻，南濒亚得里亚海，岛屿众多，海岸线曲折，约为1880千米。政治体制为议会共和制。首都为萨格勒布（Zagreb），是克罗地亚的政治、经济、文化中心，也是全国最大城市。

克罗地亚地形主要分为三部分，西南部和南部为亚得里亚海海岸，岛屿众多，中南部为高原和山地，东北部为平原。气候依地形相应分为地中海式气候、山地气候和温带大陆性气候。北部为温带大陆性气候，四季分明，夏季温和，7月份平均气温18℃—22℃，冬季寒冷，气温低于0℃；中部和中南部为高原山地气候，夏季凉爽，气温不超过18℃，冬季严寒且降雪频繁，平均气温低于–2℃；南部和西南部海岸为地中海式气候，夏季炎热干燥，平均气温超过22℃，冬季温和多雨，气温在0℃以上。

克罗地亚国土面积约为5.66万平方千米，全国人口数量约为417.4万（2016年）。主要民族为克罗地亚族（约89.63%），还包括塞尔维亚族、波什尼亚克族、意大利族、匈牙利族、阿尔巴尼亚族、捷克族等。官方语言为克罗地亚语，主要宗教是天主教和东正教。

 **经济简介**

克罗地亚森林和水力资源丰富，石油、天然气、铝等资源蕴藏量也较大。工业主要有食品加工、纺织、造船、建筑、电力、石化、冶金、机械制造和木材加工等。旅游业较为发达，是国民经济的重要组成部分和外汇收入的主要来源。主要景点有亚得里亚海、普利特维采湖群和布里俄尼岛等，旅游者主要来自德国、斯洛文尼亚、意大利、奥地利和捷克等国。

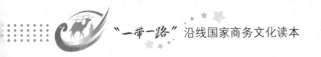

克罗地亚主要出口商品有石油产品、矿物燃料及润滑剂、药品、电力设备、食品，主要进口商品为原油和天然气、矿物燃料及润滑剂、交通工具、药品、机床设备等。主要的贸易伙伴是斯洛文尼亚、意大利和德国等国。

克罗地亚货币为库纳（Kuna）。

 **商务交际**

克罗地亚人一般按身份的不同称呼对方为"夫人""小姐""先生"，一般亲密的朋友之间才用名字称呼对方。正式场合应当用头衔加姓氏来称呼别人。

克罗地亚人见面时一般都以握手为礼，握手时要尊敬地目视对方。男性朋友之间还会抱一抱肩膀，女性则轻搂对方，并亲吻双颊。

克罗地亚人访亲会友时喜欢送鲜花，一般送单数；祝贺朋友的生日时，一般会在餐桌上放上几枝鲜花。应邀到克罗地亚人家里做客，可以给女主人带点礼物，如香水、化妆品、牛仔裤或咖啡等，可以赠送男士印有名字的钢笔或打火机。

克罗地亚人不常喝开水，喜欢喝自来水，即使在国外，喝生水的习惯也固守不变。

克罗地亚人时间观念较强，见面要事先预约。

社交时，克罗地亚人不喜欢谈论政治问题，喜欢谈论体育、旅游、音乐、服装以及书籍等话题。

爱好与禁忌

克罗地亚人以吃西餐为主，对早餐要求简单，重视午餐，晚餐一般从简。他们爱喝清凉饮料，并喜欢加冰。

克罗地亚人一般喜欢绿色和白色，认为绿色可以给人带来美好和幸福，白色则为纯洁之色，象征着光明。

克罗地亚人忌讳数字13，认为是个不祥之数。

克罗地亚的风俗习惯与世界上信奉天主教、基督教的国家基本相同，无特殊禁忌。

 **教育简况**

　　克罗地亚的教育体系包括学前教育、初等教育、中等教育、职业教育、高等教育、成人教育、特殊教育等。对6—15岁的儿童普及8年制的免费初等义务教育，州立学校的小学和中学也实行免费教育。

　　克罗地亚的中学教育包括"文理中学"和高级职业学校两种。在初等和中等教育阶段，克罗地亚允许使用多种语言进行教学，包括捷克语、匈牙利语、意大利语、塞尔维亚语和德语等。2009年至2010年间引入了全国中等教育学生的毕业会考制度，克罗地亚语、数学和外语为三门必修科目。

　　克罗地亚主要的大学有萨格勒布大学、里耶卡大学、奥西耶克大学、斯普利特大学等。

波斯尼亚和黑塞哥维那

基本概况

波斯尼亚和黑塞哥维那（Bosnia and Herzegovina），简称"波黑"，位于巴尔干半岛中西部。南、西、北三面与克罗地亚毗连，东与塞尔维亚、黑山为邻。大部分地区位于迪纳拉高原和萨瓦河流域。南部极少部分濒临亚得里亚海，海岸线长约21.2千米。首都为萨拉热窝（Sarajevo）。

波黑北部为温和的大陆性气候，南部为地中海型气候。四季分明，夏季炎热，冬天非常寒冷，经常刮大风，多雨雪。黑塞哥维那和该国的南部区域以地中海气候为主，年均降雨量在600—800毫米之间。而在中部和北部则以高山气候为主，年均降水量在1500—2500毫米之间。萨拉热窝一月的平均气温在-5℃左右，七月的平均气温为20℃，。

波黑国土面积约为5.12万平方千米。全国人口数量约为352万（2016年），其中波黑联邦约占62.5%，塞尔维亚族共和国约占37.5%。主要民族为波什尼亚克族（即原南时期的穆斯林族），约占总人口的43.5%；塞尔维亚族，约占总人口的31.2%；克罗地亚族，约占总人口的17.4%。三个民族分别信奉伊斯兰教、东正教和天主教。官方语言为波什尼亚语、塞尔维亚语和克罗地亚语。

经济简介

波黑矿产资源丰富，主要有铁矿、褐煤、铝矾土、铅锌矿、石棉、岩盐、重晶石等。水力和森林资源丰富，森林覆盖面积约占波黑全境面积的46.6%。波黑在南斯拉夫时期便是联邦内较贫穷的地区之一，独立后又发生了内战，经济受到严重损害。战争结束后至今，波黑经济正在渐渐复苏，正经历计划经济到市场经济的转型时期。主要工业有电力、煤、铁、铝、拖拉机、小汽车、电视机等，此外还有木材、钢铁、卷烟、制糖、制革等工业部门。经济以农业为主，主要农产品是谷物、蔬菜、甜菜、水果、亚麻、烟草、肉类、奶等。牲畜业以养羊为主。内战前旅馆服务业比较兴旺，旅游业设施较齐全，主要旅游区是亚得里亚海海滨区、萨拉热窝附近的冬季体育中心和萨拉热窝普林西普桥。

波黑主要出口商品有铝锭、矿产品、木材、机械产品等；主要进口商品有机械、食品、石油、化工、交通工具等。重要贸易伙伴为克罗地亚、德国、塞尔维亚、意大利、斯洛文尼亚、奥地利、黑山、俄罗斯等国。

波黑货币为波黑第纳尔（Dinara）。

商务交际

波黑人见面通常行握手礼，较为熟悉的朋友、亲人之间，一般会相互拥抱和亲吻对方。

如果应邀到波黑人家里做客，可以带上一份礼物送给对方，一般可以送花、葡萄酒或巧克力等。

波黑由波黑联邦和塞族共和国两个部分构成，分为三个主体民族，即波什尼亚克族、塞尔维亚族和克罗地亚族。三族各有传统服装和饮食习惯，其中波族受伊斯兰风俗习惯影响较大，塞族和克族则与邻国塞尔维亚和克罗地亚大致相同。由于波黑民族众多，交际时要尊重各族的风俗习惯。

温暖和干燥的5月到10月是到波黑旅游的最佳时间。当地昼夜温差较大，即使在夏天也最好带上一件可以保暖的外套。

爱好与禁忌

波黑人生性豪放、直率，热情好客，能歌善舞。

在波黑，参观清真寺、教堂等宗教场所时，要注意着装不能太暴露。特别是在清真寺，女性最好戴上纱巾。

送花必须是双数。

教育简况

波黑的教育体系主要包括前高等教育阶段（包括初等教育和中等教育）和高等教育阶段。初等教育为义务教育阶段，面向6—15岁的儿童实施，共持续9年。中等教育阶段的学校包括普通教育学校、职业学校、艺术学校和技术中学等。该

阶段的学生年龄为15岁。职业中学学制3年，其中包括一定时长的实习期。技术学校开设为期4年的课程。其中，普通教育学校、艺术学校、神学学校以及技术中学的毕业生只要通过相应的资格考试获得文凭，便可进入任何高等教育专业学院学习。

波黑教育沿用欧洲大陆的高等教育模式。波黑教育由四个部分组成，包括学前教育、初级教育、中等教育和高等教育。

波黑主要的大学有萨拉热窝大学、巴尼亚卢卡大学、莫斯塔尔大学和图兹拉大学等。

黑 山

黑山（Montenegro），位于欧洲巴尔干半岛中西部，东南与阿尔巴尼亚为邻，东北部与塞尔维亚相连，西北与波黑和克罗地亚接壤，西南部地区濒临亚得里亚海，海岸线长约为293千米。政治体制为议会共和制。首都为波德戈里察（Podgorica）。

黑山气候依地形自南向北分为地中海式气候、温带大陆性气候和山地气候。西部和中部为丘陵平原地带，北部和东北部为高原和山地。森林覆盖率为39.43%，年平均降水量为1798毫米。冬季寒冷多雨，夏季炎热干燥。1月平均气温−1℃，7月平均气温28℃。

黑山国土面积约为1.38万平方千米，全国人口数量约为62万（2018年）。主要民族为黑山族（约43.16%）、塞尔维亚族（约31.99%），其他民族有波什尼亚克族、阿尔巴尼亚族、穆斯林族、克罗地亚族等。沿海地区居民多信奉天主教，内陆地区居民多信奉东正教，东部地区多信奉伊斯兰教。

经济简介

黑山森林和水利资源丰富，铝、煤等资源储藏丰富。制造业薄弱，大量的工业产品、农产品、能源及日用消费品依赖进口。物价水平偏高，常用物品供应正常，但蔬菜品种较少。畜牧业主要养殖山羊和绵羊，夏季和冬季需要转换草场。1945年以后，政府投入大量资金发展电力、钢铁和有色金属业。因受战乱、制裁影响，黑山经济长期低迷不振。近年来，随着外部环境的改善和各项经济改革的推进，黑山经济呈现恢复性增长。旅游业是黑山国民经济的重要组成部分和主要外汇收入来源，主要风景区是亚德里亚海滨和国家公园等。旅游者主要来自塞尔维亚、俄罗斯、波黑、阿尔巴尼亚等国。

黑山进口依赖度高，主要贸易伙伴为塞尔维亚、意大利、希腊、克罗地亚、中国等国。

黑山货币为欧元（Euro）。

商务交际

黑山为多民族国家，应注意各民族以及东正教、天主教及伊斯兰教等不同信仰的礼仪。

黑山人用餐基本遵循西餐礼仪，无特别禁忌。到黑山友人家中做客，用餐礼仪较为随意。

商务交往时，宜穿保守式样西装。拜访政府机关要预先订约。

社会交往时，黑山人喜欢的话题有美国的生活方式、体育、家庭及服饰等。不适宜谈论的话题是宗教和政治敏感话题。

在黑山，送花要送单数，也可以送他们葡萄酒、巧克力、威士忌和咖啡豆等。

黑山人生性乐观友善，商人多善于商务谈判。

到黑山从事商务活动，9月至次年5月最宜，6月至8月当地人多休假。

爱好与禁忌

黑山人饮食上以面食为主，口味偏重，不怕油腻，且爱吃辣味食品。大多数人喜欢喝土耳其咖啡，也有人爱喝红茶、葡萄酒、果子酒和矿泉水。

黑山人葬礼上献花为双数，因此在日常生活中送花忌双数。

教育简况

黑山教育体系完备，包括学前教育、初等教育、中等教育、高等教育、成人教育和特殊教育。普及8年制义务教育。黑山有多所外语学校，广泛使用英语，法语、俄语、意大利语和德语也在教育机构中流行。

黑山著名的大学有黑山大学、下戈里察大学和地中海大学等。其中黑山大学为国立综合性高等学府，参照现代欧洲大学的形式建立，成立于1974年，是黑山唯一的国立大学。自2004年起，黑山大学的课程和考试都依照《博洛尼亚宣言》的原则进行设置。

塞尔维亚共和国

 **基本概况**

  塞尔维亚共和国（The Republic of Serbia），简称"塞尔维亚"（Serbia），位于巴尔干半岛中北部。塞尔维亚东北与罗马尼亚，东部与保加利亚，东南与马其顿，南部与阿尔巴尼亚，西南与黑山，西部与波黑，西北与克罗地亚相连。政治体制为议会共和制。首都为贝尔格莱德（Belgrade）。

  塞尔维亚北部属温带大陆性气候，南部受地中海气候影响。四季分明，夏季炎热，7—8月气温最高35℃，平均气温25℃—28℃；春、秋气候宜人，平均气温15℃；冬季1—2月气温最低–10℃左右，平均气温约0—5℃。雨量充沛，年均降雨量平原地区为660—880毫米，山区为880—1200毫米。

  塞尔维亚国土面积约为8.84万平方千米（不含科索沃地区，2017年1月），全国人口数量约为704万（2017年1月）。官方语言为塞尔维亚语，主要宗教为东正教。

经济简介

  塞尔维亚矿产资源有煤、铁、锌、铜等，森林覆盖率25.4%，水力资源丰富。塞尔维亚传统经济以种植业为主，土地肥沃，雨水充足，农业生产条件良好，主要生产小麦、玉米、甜菜、葡萄和麻类。工业主要有冶金、汽车制造、纺织、仪器加工等。旅游业发展良好，主要旅游区有浴场、滑雪场和国家公园等。

  塞尔维亚主要出口产品为车辆、电器及电子产品、谷物、蔬菜和水果，主要进口产品为汽车、石油及其制成品、天然气、电器及电子产品等。主要贸易伙伴为意大利、德国、波黑、俄罗斯、罗马尼亚、中国和匈牙利等国。

  塞尔维亚货币为塞尔维亚第纳尔（Serbian Dinar）。

商务交际

塞尔维亚人的称谓与问候比较讲究，要在姓氏前冠以"先生""夫人""小姐"等头衔表示尊敬，只有家人或亲密朋友之间才直呼其名。

社交场合，塞尔维亚人讲究衣着整齐得体。与客人相见时，要与被介绍过的客人一一握手并介绍自己。亲朋好友之间习惯施拥抱礼，有时也会相互亲吻脸颊。

与塞尔维亚人商谈，一般须事先约定，贸然到访属于不礼貌行为。见面时要相互递交名片。

到塞尔维亚人家拜访，最好带上一份礼物。在重要节假日，当地人也会相互赠送礼品。礼品一般为酒类、鲜花及经典套装系列办公文具等。接收礼品时，他们一般会当面拆掉包装纸，展示并介绍礼品内容。

塞尔维亚人喜欢邀请熟悉的客人和朋友到郊外或旅游胜地游览。游览期间，一般会举行宴会，主人会盛情邀请客人品尝当地酿造的烈性果酒，并相互祝酒。

爱好与禁忌

在塞尔维亚，比较适宜做礼物的花有玫瑰、百合等。菊花被看作是墓地用花，不宜相送。

塞尔维亚人饮食习惯上以塞尔维亚民族特色的西餐为主。他们的饮食习惯跟大多数的欧洲国家类似，比较重视午餐，早、晚餐相对比较简单。午餐通常是以汤开始，然后是主菜（通常是烤猪肉、牛肉或鸡肉）与点心等。

教育简况

塞尔维亚当前的教育体制基本沿用南联盟时期的教育体制。教育体系包括早期儿童看护教育、小学教育、中等教育和高等教育。截至2010—2011学年，塞尔维亚实行全面教育。早期儿童康复教育为6个月开始的婴幼儿教育，包括托儿所（6个月至3岁）、幼儿园（3岁至5岁半）、学前准备教育（5岁半至6岁半）。

初等教育为8年制免费义务教育阶段，为6岁半至7岁半的适龄儿童提供，需要有学前准备教育证书。初等教育阶段包括两个学习周期，即1—4年级和5—8年级。中等教育一般从15岁开始，包括4年制的普通教育和2—4年制的职业教育。高等教育为所有公民提供平等接受教育的机会，分别提供学术型教育和应用型教育两种形式。

塞尔维亚主要的大学有贝尔格莱德大学、诺维萨德大学、尼什大学、克拉古耶瓦茨大学和普里什蒂纳大学等。

阿尔巴尼亚共和国

 **基本概况**

阿尔巴尼亚共和国（Republic of Albania），简称"阿尔巴尼亚"（Albania），是位于欧洲东南部、巴尔干半岛西南部的国家。阿尔巴尼亚西隔亚得里亚海和奥特朗托海峡与意大利相望，南面则与希腊接壤，东临马其顿，东北面是塞尔维亚，北接黑山共和国。政治体制为议会共和制。首都为地拉那（Tirana）。

阿尔巴尼亚属亚热带地中海海洋性气候。降雨充沛，年均降雨量为1300毫米。夏天干燥，一年中7月份最热，平均气温24℃，最高达41.5℃；最冷为1月份，平均气温7℃，最低达-10℃。

阿尔巴尼亚国土面积约为2.87万平方千米，全国人口数量约为288万（2016年），其中阿尔巴尼亚族约占82.58%，少数民族主要有希腊族、马其顿族等。官方语言为阿尔巴尼亚语。居民以信奉伊斯兰教为主，此外还信奉东正教、天主教等。

经济简介

阿尔巴尼亚主要矿藏有石油、铬、铜、镍、铁、煤等，水力资源较丰富。工业以食品、轻纺、机械、冶金、动力、建筑材料、化学为主。农作物有小麦、玉米、马铃薯、甜菜等。山区牛羊畜牧业较发达。交通以公路为主，都拉斯、发罗拉为重要海港。近几年来，阿尔巴尼亚政府将旅游业作为优先发展产业，旅游业发展较快，游客主要来自马其顿、黑山、希腊、意大利等国。

阿尔巴尼亚出口商品主要为纺织品和鞋类、矿产品、燃料、建筑材料、金属、食品、饮料、烟草等；进口商品主要为机械产品及零配件、食品、饮料、烟草、化工产品、塑料制品、纺织品、鞋类、建筑材料及金属等。主要贸易伙伴为意大利、中国、希腊、土耳其、德国等国。

阿尔巴尼亚货币为列克（Lek）。

 **商务交际**

阿尔巴尼亚人见面时，一般行贴脸礼，一般只做左右贴脸姿式；稍亲热一些的是相互贴一贴左右面颊；最亲热的则是互相拥抱的同时亲吻对方的面颊。

阿尔巴尼亚人一般以摇头表示同意，点头表示不同意。

阿尔巴尼亚人家庭观念强，绝大多数的家庭中女主人几乎承担全部家务。

在农村，人们通常是宰一整只小羊或用羊头来款待最尊贵的客人。他们的社交礼仪，是先请客人将整只小羊羔剖开，然后大家一起享用。若客人不吃，主人会感到不愉快。

阿尔巴尼亚畜牧业发达，普通人家在房间内都铺设地毯，客人进门前一般要脱鞋。入屋后，一般席地而坐，如有炕，则坐在炕上。

阿尔巴尼亚人讲话时，表情和手势丰富，如常会耸肩、摆手、发嘘声等。表示客气或感谢时，除口头感谢外，还常用一只手抚在胸口，上身稍向前倾。

爱好与禁忌

大部分阿尔巴尼亚人信仰伊斯兰教，故忌吃猪肉和猪油，认为猪脏；也不爱吃海鲜、海味等。他们在饭后喜欢饮用桔子酒、冰水、啤酒、咖啡和雪糕等，尤其喜欢吃用巧克力调制的蛋糕和面包。

阿尔巴尼亚有些男士喜欢穿白色百褶裙。在当地，白色象征着吉祥如意。多数人喜欢红色。

在阿尔巴尼亚，不要轻意询问别人的宗教信仰、政治态度等。许多阿尔巴尼亚人忌讳数字13和星期五。

教育简况

阿尔巴尼亚的教育体系包括小学教育、中学教育和高等教育等三大阶段。学年长度与美国相似，一般自9月或10月开学，到次年的6月或7月结束，其余的2—3个月为暑假。阿尔巴尼亚语是公立学校的主要教学语言。自2008年起，阿尔巴尼亚实行9年制的义务教育，包括小学5年、中学4年。中等教育分为普通高

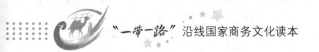

中和职业高中。小学阶段结束，学生必须通过毕业考试，合格的学生方能继续升学。中学提供普通教育，为学生参加高级程度考试做好准备，获得毕业证书的学生可以继续接受高等教育，学习大学课程。

地拉那大学是阿尔巴尼亚唯一一所综合性大学。

罗马尼亚

基本概况

  罗马尼亚（Romania），属东欧国家（有时也被划分在南欧的范围内），位于东南欧巴尔干半岛东北部，西边分别与匈牙利和塞尔维亚接壤，南边与保加利亚相邻，北边与东北则是与乌克兰和摩尔多瓦接壤。政治体制为民主共和制。首都为布加勒斯特（Bucharest），是全国经济、文化和交通中心。

  罗马尼亚属典型的温带大陆性气候，年平均气温在10°C左右。春季短暂，气候宜人；6—8月是夏季，平均温度22°C—24°C，南部和东部低地是最热的地区，最高温度可达38°C；秋天凉爽干燥；12月至次年3月是冬季，平均温度 –3°C。年降雨量约为660毫米，春末和夏初为多雨季节。

  罗马尼亚国土面积约为23.83万平方千米。全国人口数量约为1952万（2018年），其中罗马尼亚人约占全国人口的89.5%。此外还有匈牙利族、罗姆人、日耳曼族、乌克兰族等。官方语言为罗马尼亚语，主要少数民族语言为匈牙利语。主要宗教有东正教，其余还有罗马天主教和新教。

经济简介

  罗马尼亚的矿产资源有石油、天然气、煤、铝土矿、金、银、铁、锰、锑、盐、铀、铅等。水力资源蕴藏量丰富，内河和沿海产多种鱼类。罗马尼亚经济以工业为主，主要包括冶金、汽车制造、石油化工和仪器加工等。农业在罗马尼亚经济中占有重要地位，当地土地肥沃，雨水充足，农业生产条件良好。主要种植小麦、玉米、向日葵、土豆、苹果、葡萄等。旅游资源比较丰富，主要旅游景点有布加勒斯特、黑海海滨、多瑙河三角洲、摩尔多瓦地区、喀尔巴阡山山区等。

  罗马尼亚主要出口产品有鞋类、服装、纺织品等；主要进口产品有机电、家电、矿产品、石油产品等。主要贸易国是德国、意大利、法国等国。

  罗马尼亚货币为罗马尼亚列尹（Romanian Leu）。

商务交际

罗马尼亚人的本名在前，姓氏在后，正式场合应称呼全称或姓氏；非正式场合、熟人之间可以直呼其名，关系密切者可用昵称。一般以"先生""夫人""小姐"或其职衔相称，且多用"您"称呼对方。

见面时，罗马尼亚人多行握手礼，握手时要友善地目视对方，以示尊重，否则会被理解为心不在焉或目中无人。关系亲近的男士见面时，还会互相抱一抱肩膀，女士之间还会相互拥抱并亲吻对方的双颊。

罗马尼亚人尊重老人和女士，许多场合都可以看到他们向老人脱帽致敬，对女士施吻手礼。

社交时，罗马尼亚人一般喜欢直截了当，不喜欢拐弯抹角。

到罗马尼亚人家做客时，可以带点礼品，如香水、化妆品、咖啡等。送鲜花一般不能送双数，也不要向女主人送红玫瑰。

罗马尼亚人对盐有特别的感情，就餐时喜欢沾些盐和胡椒。因此在接待罗马尼亚客人时可以在餐桌上提供盐、胡椒、大蒜汤等。

商务活动中宜穿保守式西装，拜访政府机关要事先预约，不可贸然造访。一年之中去罗马尼亚进行商务活动最适宜的时间，是当年九月至次年五月。

谈生意时，要将相关资料全部准备好后再进行洽谈。

在罗马尼亚，农村女士的头饰，不仅美观实用，也是婚否的标志。

罗马尼亚人认为节假休息日神圣不可侵犯。他们重视家庭，每逢佳节都要互赠礼品。

在正式场合，罗马尼亚男士一般穿深色西装套装，女士穿套裙。日常生活中，特别是节庆活动时，罗马尼亚人一般穿传统的民族服装。虽然他们的服装因地区和民族而有所不同，但总体呈现色彩绚丽的特点。大部分地区的男士喜欢穿白色的宽袖衬衣和白色的裤子，将裤脚塞在长筒靴里，并常在腰间系一条宽皮带或华丽的编织腰带，衣裤上也常有绣花与镶边。

罗马尼亚人能歌善舞，朋友聚会、晚餐、出席婚礼时常会载歌载舞，一些饭店在客人就餐时还会安排民间歌舞表演。注意，在餐馆用餐、坐出租车时，一般要加付10%左右的小费。

爱好与禁忌

罗马尼亚人饮食以肉、奶制品为主，蔬菜和豆类食品摄取量不大。

他们视狗为人类的好朋友，一般不吃狗肉。

罗马尼亚人不喜欢车上和室内有穿堂风，一般不打开两边的窗户让空气对流，认为这样容易使人生病。

罗马尼亚人男子除服丧期间外，不系黑色领带。

在罗马尼亚，公共场合讲究卫生，不能随地吐痰、乱扔废弃物，忌讳在宾客面前挖耳、剔牙等。

教育简况

罗马尼亚的教育有着悠久历史，民间教育起源可追溯到公元前1世纪。公元2—3世纪在罗马人统治时期，罗马尼亚人便开始有组织地讲习拉丁语、读写和算法。12—14世纪陆续出现一批教会学堂、城市和乡村学堂。中世纪罗马尼亚经济、社会和文化的发展，特别是宗教的传播对教育起到了很大的推动作用。16—17世纪开始出现高等书院，主要教授欧洲先进的文化和科学，并开始使用本民族语言授课。1864年，第一部《公共教育法》颁布，此后民族语言教育不断得到发展，高等教育学科领域逐步拓宽。1948—1989年期间，罗马尼亚的教育得到迅速发展，建立了完整的国家教育体系。

罗马尼亚现行教育体制分学龄前、小学、初中、高中、职业教育、高等教育和大学后教育。全国已经普及10年制义务教育，包括小学和中学教育。

罗马尼亚著名的大学有布加勒斯特大学、布加勒斯特理工大学、布加勒斯特经济学院、克鲁日巴贝什·博尧伊大学、雅西大学等。

保加利亚共和国

基本概况

保加利亚共和国（The Republic of Bulgaria），简称"保加利亚"（Bulgaria），位于欧洲巴尔干半岛东南部。保加利亚北与罗马尼亚隔多瑙河相望，西与塞尔维亚、马其顿相邻，南与希腊、土耳其接壤，东临黑海，全境70%的地区为山地和丘陵。巴尔干山脉横贯中部，以北为广阔的多瑙河平原，以南为罗多彼山地和马里查河谷低地。政治体制为议会共和制。首都为索非亚（Sofia）。

保加利亚属温带大陆性气候，东部受黑海（Black Sea，因冬天多风浪，保语意为"不好客的海"）的影响，南部受地中海的影响而有地中海式气候。气温在1月为–2℃至2℃之间（山地约–10℃），在7月为19℃至25℃（山地约10℃）之间。年平均降雨量在450至600毫米间（山地达1300毫米）。北部属大陆性气候，南部属地中海式气候，冬季较暖。平均气温1月为–2℃—2℃，7月为23℃—25℃。年平均降水量平原为450毫米，山区为1300毫米。

保加利亚国土面积约为11.1万平方千米，包括河水域。全国人口数量约为705万（2017年），其中保加利亚族约占84%，土耳其族约占10%，此外还有罗姆人、马其顿族、亚美尼亚族等。官方和通用语言为保加利亚语。居民主要信奉东正教，少数人信奉伊斯兰教。

经济简介

保加利亚自然资源贫乏，主要矿产资源有煤、铅、锌、铜、铁、铀、锰、铬、矿盐和少量石油。保加利亚传统经济以农业为主，主要农产品有谷物、烟草和蔬菜等。主要工业包括冶金、机械制造、化工、电机、电子、食品和轻纺等。旅游业较发达，主要景点为黑海、斯雷伯尔纳自然保护区、马达拉骑士浮雕、内塞伯尔古城等。游客主要来自俄罗斯、德国、罗马尼亚、英国、波兰、乌克兰、捷克、法国、奥地利、瑞典、希腊、土耳其、北马其顿、塞尔维亚等国。

对外贸易在保加利亚经济中占有重要地位，进口产品主要是能源化工和电子产品；出口产品主要是轻工产品、化工、食品、机械、有色金属等。

保加利亚货币为列佛（Leva）。

商务交际

保加利亚人见面时，一般行握手礼。亲朋好友相见，一般施拥抱礼或亲吻礼。保加利亚女士对身份尊贵的男士一般施屈膝礼，同时伸手给对方，对方施吻手礼。初次见面时一般要互换名片。

保加利亚人的时间观念较强，与其交往要准时赴约。

在商务活动中，最好穿上保守样式的西装，会见政府官员要提前预约。保加利亚人作出决策一般需要经过长时间的思索，对此应有耐心。

在保加利亚，摇头表示同意，点头表示不赞成。

如被邀请去保加利亚人家做客，带上一束鲜花、一些糖果或酒会比较合适。宴请客人时，他们一般习惯请客人先入座，客人在这种情况下一般不必推辞。如果不能应邀就餐，则应表示歉意并要说"请大家吃好"，然后再离开。

坐车时，一般都请客人坐到司机旁的位置上。他们认为这样可以让客人更清晰地欣赏沿途风光。

保加利亚人家庭观念较重。如果他们把家人介绍给您，要注意礼貌地问候对方并表示出足够的尊重。如果他们的家人陪同出席宴请，应由在座最年长的人最先用餐。作为客人，您也许会被邀请首先开始，但最好让年长者先用餐。这种做法较易赢得保加利亚人的尊敬。注意，未受到主人诚意邀请之前不宜开始用餐。

保加利亚人在穿戴上不十分讲究，主张简朴实惠。经常穿着的服装是衬衫、短袖衫等，西服多在正式场合出现。他们强调着装的内外有别，在家一般比较随意，在外则要求庄重一些。

爱好与禁忌

保加利亚人的主食是面包和烤饼。他们习惯吃俄式西餐，餐点还略带德国菜特色。保加利亚人口味较重，喜辣，不怕油腻；多数人爱吃以焖、烩、煎、烤等形式烹饪的菜肴，如烤猪肉、菜肉包、煎肉饼、炸鸡、炸明虾、烤羊肉等较为普遍。

保加利亚人在饭桌上喜欢聊天，即使餐桌气氛较为随意，仍应注意不要将胳膊肘放在桌子上。保加利亚人重视举止文明，忌讳他人在就餐时发出咀嚼食物的响声。

参观游览时，要遵守公共秩序，不能乱丢烟头，同时不要对着军事设施和政府机构拍照。

保加利亚人酷爱玫瑰花，认为它象征智慧，还可以传递爱意。

他们忌讳数字13和星期五。他们认为13是凶神，星期五若与13相逢更象征着灾难即将临头。

教育简况

保加利亚是一个教育相对比较发达的国家，在东欧剧变之前居世界前列。东欧剧变后，保加利亚迅速演变成政治民主化、经济市场化、文化多元化和教育分权化的国家，教育发生了较大的变化。随着经济的复苏，尤其是在2006年加入欧盟前后数年间，保加利亚抓住机遇，进行了教育改革，如增加教育投入、实施"终生学习战略"、加强国际合作等，有效促进了教育事业的进一步发展。

保加利亚普及12年制义务教育，包括小学（1—4年级）、初中（5—8年级）和高中（9—12年级）。除普通基础教育外，还有为残疾儿童设立的普通学校和宗教机构经批准开办的学校。保加利亚1995年底建立了新高等级教育体系，包括技术学院（3年）、大学本科（4—5年，学士学位）、硕士学位（1—2年）、长周期计划的大学高等教育（3年）、博士学位（全日制3年，在职4年）。2004年引入欧洲学分转换系统（ECTS：European Credits Transfer System）。

保加利亚著名的大学有索菲亚大学、新保加利亚大学、大特尔诺沃大学等。

北马其顿共和国

 **基本概况**

北马其顿共和国（The Republic of North Macedonia），简称"北马其顿"（North Macedonia），位于欧洲巴尔干半岛中部，西邻阿尔巴尼亚，南接希腊，东接保加利亚，北部与塞尔维亚接壤。政治体制为议会共和制。首都为斯科普里（Skopje）。

北马其顿北部为大陆性气候，南部为地中海式气候，东部植被较多且天气寒冷，西部夏季气温较高且干燥。北马其顿夏季炎热干燥，7月至8月间最高气温可达36℃—38℃，中南部若干地区甚至超过40℃；冬季潮湿寒冷，1至2月间最低气温约为–8℃，西南部山区可能低至–25℃，全年平均气温为10℃。

北马其顿国土面积约为2.57万平方千米，全国人口数量约为208万（2017年）。主要民族为马其顿族，其他还有阿尔巴尼亚族、土耳其族、吉卜赛人和塞尔维亚族。官方语言为马其顿语。居民多信奉东正教，少数信奉伊斯兰教。

经济简介

北马其顿矿产资源比较丰富，有煤、铁、铅、锌、铜、镍等，还有非金属矿产碳、耐火黏土、石膏、石英、蛋白石、长石等。森林覆盖率约为35.5%—38.8%。工业主要有矿石开采、冶金、化工、电力、木材加工、食品加工等。农业主要种植小麦、玉米、稻米、烟草等。旅游业发展较快，主要旅游景点是奥赫里德湖、斯特鲁加、多伊兰湖、莱森、马弗洛沃山和普雷斯帕湖等地。

北马其顿主要进口产品为电力、原油、金属、机动车、食品、饮料、纺织品、化工产品等；主要出口产品为钢铁、服装、石油产品、水果、蔬菜、金属矿石、食品、葡萄酒、烟草和卷烟、饮料、化工产品等。主要贸易伙伴为欧盟国家、前南斯拉夫国家和日本、美国、加拿大、中国等国。

北马其顿货币为代纳尔（Denar）。

商务交际

北马其顿人见面时一般行握手礼，亲友会面一般行贴面礼或拥抱礼。采用国际通用称谓，称呼男士为"先生"，称呼女士为"夫人""小姐""女士"等。

北马其顿人热情好客，如被邀请到对方家里做客，最好不要迟到，而且应带一些小礼物，如花、葡萄酒或巧克力等。

北马其顿教堂数量较多，允许外人进入，但进入时须注意着装整洁和举止文雅。

北马其顿人在正式社交场合较注重服饰衣着，男士通常穿西装，女士通常穿裙装或套装。

爱好与禁忌

北马其顿人饮食以面食和肉类为主，多数人喜欢喝土耳其咖啡、红茶、葡萄酒、果子酒和矿泉水。

北马其顿特色餐为大盘烤肉和香肠，搭配当地的面包、大葱、青红辣椒酱以及当地葡萄酒、烈性烧酒、啤酒和咖啡。

北马其顿人送花时，适宜送单数，双数的花一般用于葬礼。

教育简况

北马其顿继承了古希腊、罗马的文化传统，文化教育比较发达。

经多次改革，北马其顿义务教育从8年增加到现在的13年（包括小学、初中和高中）。全国教育分为三个层次：第一层次为初等教育，为期9年，其中小学5年（6岁至11岁），初中4年（11岁至15岁）。第二层次为中等教育，主要包括普通高中、艺术高中、职业高中，为期4年（15岁至19岁）。中等教育结束后，通过国家组织的大学入学考试后可选择进入大学或高等职业学院接受教育。第三层次为高等教育，分为三个阶段。第一阶段为大学本科，4到6年，医药类学科6年，理工类学科5年，文科4年，完成学业可以获得学士学位；大学内部还设有高职课程，与职业学院学制相同，为期3年；第二阶段为硕士教育，为期2年；第三阶段为博士教育，学生通过论文答辩方可获得学位。

北马其顿主要的大学有斯科普里大学、比托拉大学、泰托沃大学等。

参考书目

［1］潘相阳，袁磊. 世界百国商务文化大观［M］. 北京：中国人民大学出版社，2015：5-324.

［2］李建求. "一带一路"沿线国家职业教育概览（套装上下册）［M］. 北京：商务印书馆，2018：5-600.

［3］联合国贸易网络上海中心. 如何与外国人打交道：海外商务文化礼仪习俗指南［M］. 上海：世界图书出版公司，2009：6-300.

参考网址

[1] 中华人民共和国驻蒙古国大使馆经济商务参赞处 http://mn.mofcom.gov.cn/

[2] 中华人民共和国驻新加坡共和国大使馆 http://www.chinaembassy.org.sg/chn/

[3] 中华人民共和国驻马来西亚大使馆经济商务参赞处 http://my.mofcom.gov.cn/

[4] 中华人民共和国驻印度尼西亚共和国大使馆 http://www.fmprc.gov.cn/ce/ceindo/chn/

[5] 中华人民共和国驻缅甸联邦共和国大使馆 http://mm.china-embassy.org/chn/

[6] 中华人民共和国驻泰王国大使馆经济商务参赞处 http://th.mofcom.gov.cn/

[7] 中华人民共和国驻老挝人民民主共和国大使馆经济商务参赞处 http://la.mofcom.gov.cn/

[8] 中华人民共和国驻柬埔寨王国大使馆经济商务参赞处 http://cb.mofcom.gov.cn/

[9] 中华人民共和国驻越南社会主义共和国大使馆 http://vn.china-embassy.org/chn/

[10] 中华人民共和国驻文莱达鲁萨兰国大使馆经济商务参赞处 http://bn.mofcom.gov.cn/

[11] 中华人民共和国驻菲律宾共和国大使馆 http://www.fmprc.gov.cn/ce/ceph/chn/

[12] 中华人民共和国驻伊朗伊斯兰共和国大使馆 http://ir.chineseembassy.org/chn/

[13] 中华人民共和国驻伊拉克大使馆经济商务参赞处 http://ir.mofcom.gov.cn/

[14] 中华人民共和国驻土耳其共和国大使馆经济商务参赞处 http://tr.mofcom.gov.cn/

[15] 中华人民共和国驻阿拉伯叙利亚共和国大使馆 http://sy.chineseembassy.org/chn/

[16] 中华人民共和国驻约旦哈希姆王国大使馆经济商务参赞处 http://jo.mofcom.gov.cn/

[17] 中华人民共和国驻黎巴嫩共和国大使馆 http://www.fmprc.gov.cn/ce/celb/chn/

[18] 黎巴嫩习俗礼仪 http://www.360doc.com/content/18/0206/03/9165926_728024990.shtml

[19] 中华人民共和国驻以色列国大使馆经济商务参赞处 http://il.mofcom.gov.cn/

[20] 中华人民共和国驻沙特阿拉伯王国大使馆 http://www.chinaembassy.org.sa/chn/

[21] 中华人民共和国驻也门共和国大使馆 http://ye.chineseembassy.org/chn/

[22] 中华人民共和国驻阿曼苏丹国大使馆 http://om.chineseembassy.org/chn/

［23］中华人民共和国驻阿拉伯联合酋长国大使馆经济商务参赞处 http://ae.mofcom. gov.cn/

［24］中华人民共和国驻卡塔尔国大使馆经济商务参赞处 http://qa.mofcom.gov.cn/

［25］中华人民共和国驻科威特大使馆经济商务参赞处 http://kw.mofcom.gov.cn/

［26］中华人民共和国驻巴林王国大使馆经济商务参赞处 http://bh.mofcom.gov.cn/

［27］中国领事服务网 http://cs.mfa.gov.cn/

［28］中华人民共和国驻希腊共和国大使馆经济商务参赞处 http://gr.mofcom.gov.cn/

［29］中华人民共和国驻塞浦路斯共和国大使馆经济商务参赞处 http://cy.mofcom. gov.cn/

［30］中华人民共和国驻阿拉伯埃及共和国大使馆经济商务参赞处 http:// eg.mofcom.gov.cn/

［31］中华人民共和国驻印度共和国大使馆 http://www.fmprc.gov.cn/ce/cein/chn/

［32］中华人民共和国驻巴基斯坦伊斯兰共和国大使馆经济商务参赞处 http:// pk.mofcom.gov.cn/

［33］中华人民共和国驻孟加拉人民共和国大使馆经济商务参赞处 http:// bd.mofcom.gov.cn/

［34］中华人民共和国驻阿富汗伊斯兰共和国大使馆经济商务参赞处 http:// af.mofcom.gov.cn/

［35］中华人民共和国驻马尔代夫共和国大使馆 http://mv.china-embassy.org/chn/

［36］中华人民共和国驻尼泊尔联邦民主共和国大使馆 http://www.fmprc.gov.cn/ce/ cenp/chn/

［37］中华人民共和国驻哈萨克斯坦共和国大使馆经济商务参赞处 http:// kz.mofcom.gov.cn/

［38］中华人民共和国驻乌兹别克斯坦共和国大使馆经济商务参赞处 http:// uz.mofcom.gov.cn/

［39］中华人民共和国驻土库曼斯坦大使馆 http://tm.chineseembassy.org/chn/gqzl/ tkmstgk/

［40］中华人民共和国驻塔吉克斯坦大使馆 http://tj.chineseembassy.org/chn/tjkstgk/

［41］中华人民共和国驻塔吉克斯坦大使馆经济商务参赞处 http://tj.mofcom.gov.cn/ article/ddgk/201508/20150801092624.shtml

［42］中华人民共和国驻吉尔吉斯斯坦大使馆 http://kg.chineseembassy.org/chn/jstgk/

［43］中华人民共和国驻吉尔吉斯斯坦共和国大使馆经济商务参赞处 http:// kg.mofcom.gov.cn/

［44］中华人民共和国驻俄罗斯联邦大使馆 http://ru.china-embassy.org/chn/

[45] 中华人民共和国驻乌克兰大使馆经济商务参赞处 http://ua.mofcom.gov.cn/

[46] 中华人民共和国驻白俄罗斯共和国大使馆 http://by.china-embassy.org/chn/

[47] 中华人民共和国驻格鲁吉亚大使馆经济商务参赞处 http://ge.mofcom.gov.cn/

[48] 中华人民共和国驻阿塞拜疆共和国大使馆 http://az.china-embassy.org/chn/default.htm

[49] 中华人民共和国驻亚美尼亚共和国大使馆 http://am.chineseembassy.org/chn/

[50] 中华人民共和国驻亚美尼亚共和国大使馆经济商务参赞处 http://am.mofcom.gov.cn/

[51] 中华人民共和国驻摩尔多瓦共和国大使馆 http://md.chineseembassy.org/chn/

[52] 波兰驻华大使馆 https://pekin.msz.gov.pl/zh/

[53] 中华人民共和国驻波兰共和国大使馆经济商务参赞处 http://pl.mofcom.gov.cn/

[54] 中华人民共和国驻立陶宛共和国大使馆 http://www.fmprc.gov.cn/ce/celt/chn/

[55] 中华人民共和国驻立陶宛共和国大使馆经济商务参赞处 http://lt.mofcom.gov.cn/

[56] 中华人民共和国驻爱沙尼亚共和国大使馆 http://www.chinaembassy.ee/chn/

[57] 中华人民共和国驻爱沙尼亚共和国大使馆经济商务参赞处 http://ee.mofcom.gov.cn/

[58] 中华人民共和国驻拉脱维亚大使馆经济商务参赞处 http://lv.mofcom.gov.cn/

[59] 中华人民共和国驻拉脱维亚共和国大使馆 http://www.mfa.gov.lv/cn/

[60] 中华人民共和国驻捷克共和国大使馆 http://www.fmprc.gov.cn/ce/cecz/chn/

[61] 中华人民共和国驻捷克共和国大使馆经济商务参赞处 http://cz.mofcom.gov.cn/

[62] 中华人民共和国驻斯洛伐克共和国大使馆 http://sk.china-embassy.org/chn/

[63] 中华人民共和国驻斯洛伐克共和国大使馆经济商务参赞处 http://sk.mofcom.gov.cn/

[64] 中华人民共和国驻匈牙利大使馆经济商务参赞处 http://hu.mofcom.gov.cn/

[65] 匈牙利驻华大使馆 http://www.fmprc.gov.cn/

[66] 中华人民共和国驻斯洛文尼亚共和国大使馆 http://si.chineseembassy.org/chn/

[67] 中华人民共和国驻斯洛文尼亚共和国大使馆经济商务参赞处 http://si.mofcom.gov.cn/

[68] 中华人民共和国驻克罗地亚共和国大使馆 http://hr.china-embassy.org/chn/

[69] 中华人民共和国驻克罗地亚共和国大使馆经济商务参赞处 http://hr.mofcom.gov.cn/

[70] 中华人民共和国驻波斯尼亚和黑塞哥维那大使馆 http://ba.chineseembassy.org/chn/

[71] 中华人民共和国驻黑山大使馆 http://me.chineseembassy.org/chn/

［72］中华人民共和国驻塞尔维亚共和国大使馆经济商务参赞处 http://yu.mofcom.gov.cn/

［73］中华人民共和国驻阿尔巴尼亚共和国大使馆经济商务参赞处 http://al.mofcom.gov.cn/

［74］中华人民共和国驻阿尔巴尼亚大使馆 http://al.chineseembassy.org/chn/

［75］中华人民共和国驻罗马尼亚大使馆 http://www.fmprc.gov.cn/ce/cero/chn/

［76］中华人民共和国驻罗马尼亚大使馆经济商务参赞处 http://ro.mofcom.gov.cn/

［77］中华人民共和国驻保加利亚共和国大使馆 http://www.chinaembassy.bg/chn/default.htm

［78］中华人民共和国驻保加利亚共和国大使馆经济商务参赞处 http://bg.mofcom.gov.cn/

［79］中华人民共和国驻马其顿共和国大使馆 http://mk.china-embassy.org/chn/

［80］中华人民共和国驻马其顿共和国大使馆经济商务参赞处 http://mk.mofcom.gov.cn/

［81］北京市人民政府外事办公室 http://www.bjfao.gov.cn/index.htm

［82］中华人民共和国外交部 http://www.fmprc.gov.cn/web/

［83］中国一带一路网 https://www.yidaiyilu.gov.cn/index.htm

［84］中蒙签署教育交流与合作执行计划 - 中华人民共和国教育部政府门户网站 http://www.moe.gov.cn/jyb_xwfb/gzdt_gzdt/moe_1485/201804/t20180410_332780.html

［85］中华人民共和国商务部 http://www.mofcom.gov.cn/

［86］中国驻新加坡大使馆教育处 http://www.edusg.org.cn/publish/portal50/tab3295/

［87］中华人民共和国教育部教育涉外监管信息网 http://www.jsj.edu.cn/

［88］百度百科_全球最大中文百科全书 https://baike.baidu.com/

［89］大学生必备网_大学排名_专业排名_励志成长_赢在大学 https://www.dxsbb.com/

［90］360doc个人图书馆 http://www.360doc.com/index.html

［91］北京外事网 http://www.bjfao.gov.cn/

［92］［世界人口排名］2018世界人口总数_全球各国人口排名2018-排行榜123网 https://www.phb123.com/city/renkou/rk.html

［93］搜狐网 https://www.sohu.com/

［94］老挝教育简介——多彩贵州网 http://news.gog.cn/system/2015/07/29/014462537.shtml

［95］中国签定的国家(地区)间相互承认学位、学历和文凭的双边协议清单_学

位互认_国际合作_中国学位与研究生教育信息网 http://www.cdgdc.edu.cn/xwyyjsjyxx/dwjl/xwhr/276318.shtml

[96]塞浦路斯教育最全解析!!!_搜狐教育_搜狐网 http://www.sohu.com/a/143624828_156526

[97]解惑 | 塞浦路斯教育问题 http://baijiahao.baidu.com/s?id=1562864401328473&wfr=spider&for=pc

[98]埃及教育面临重数量轻质量问题 http://www.mofcom.gov.cn/aarticle/i/jyjl/k/201207/20120708249450.html

[99]教育部:与46个国家和地区学历学位互认|一带一路|学位|学历_新浪教育_新浪网 http://edu.sina.com.cn/gaokao/2017-04-20/doc-ifyepsch1906390.shtml

[100]异域采风漫谈吉尔吉斯斯坦礼俗(作者为外交部礼宾司原参赞)http://www.sohu.com/a/212564832_114731

[101]马尔代夫礼仪须知 http://www.madaipro.com/content/6418.html

[102]不丹风俗习惯—不丹宗教礼仪 - 盼游网 http://news.panyou.com/travel/201409/6828.html

[103]斯洛文尼亚礼俗 http://k.sina.com.cn/article_2286908003_884f7263020009yol.html

[104]塞尔维亚风俗习惯 http://www.360doc.com/content/16/0901/02/9165926_587413330.shtml

[105]阿尔巴尼亚风俗习惯 http://www.360doc.com/content/17/0305/10/9165926_634100017.shtml

[106]罗马尼亚风土人情 http://www.360doc.com/content/17/0116/10/9165926_622778946.shtml

[107]世界风俗网——睁大眼睛看世界 http://www.sjfsw.cn/index.html

[108]波兰习俗礼仪与禁忌 http://www.360doc.com/content/16/1125/08/9165926_609335430.shtml

[109]爱沙尼亚风俗习惯 http://news.panyou.com/travel/201409/8811.html

[110]爱沙尼亚旅游攻略指南 https://baijiahao.baidu.com/s?id=1573411984623630&wfr=spider&for=pc

[111]拉脱维亚有什么风俗禁忌 http://www.yachtsls.com/a/201708/674039.html

[112]中国领事服务网 http://cs.mfa.gov.cn/

[113]维基百科 https://zh.wikipedia.org/wiki/Wikipedia

编后记

"一带一路"建设，倡导的是不同民族、不同文化之间的交流与合作，是沿线国家共同编织互利共赢合作网络的事业。世界文化具有多样性，正确掌握"一带一路"沿线国家的社交礼仪、商务礼仪、宗教习俗、传统民俗等方面信息，能有效提高我们的跨文化交流水平，尽可能地规避文化冲突，从而更好地建设我们"一带一路"的朋友圈。课题组编纂此书的初衷便源于此。

这是一项集体研究的成果，搜集资料的过程繁琐而漫长。参编者需要以辨析的角度，从不同书籍、权威网站上搜集"一带一路"沿线国家的资料。本书的蒙古、新加坡、马来西亚、印度尼西亚、缅甸、泰国、老挝、柬埔寨、越南、文莱和菲律宾等11国的资料搜集工作主要由王惠莲负责；伊朗、伊拉克、土耳其、叙利亚、约旦、黎巴嫩、以色列、巴勒斯坦、沙特阿拉伯、也门、阿曼、阿联酋、卡塔尔、科威特、巴林、希腊、塞浦路斯和埃及等18国的资料搜集工作主要由厉力负责；印度、巴基斯坦、孟加拉、阿富汗、斯里兰卡、马尔代夫、尼泊尔和不丹等南亚8国的资料搜集工作主要由金潇道负责；哈萨克斯坦、乌兹别克斯坦、土库曼斯坦、塔吉克斯坦和吉尔吉斯斯坦等中亚5国的资料搜集工作由厉力和傅珊共同负责；俄罗斯、乌克兰、白俄罗斯、格鲁吉亚、阿塞拜疆、亚美尼亚和摩尔多瓦等独联体7国的资料搜集工作由傅珊和王惠莲共同负责；波兰、立陶宛、爱沙尼亚、拉脱维亚、捷克、斯洛伐克、匈牙利、斯洛文尼亚、克罗地亚、波黑、黑山、塞尔维亚、阿尔巴尼亚、罗马尼亚、保加利亚和北马其顿等中东欧16国的资料搜集工作主要由夏芳芳负责。统稿工作主要由王惠莲、朱玉清负责。徐露露在本书的前期资料整理过程中也付出了诸多努力。此外，辽宁师范大学的朱伟豪、浙江师范大学行知学院的金京燕对本书涉及国家基本概况的内容进行了统筹。在此，要由衷感谢他们为本书的出版所作出的巨大贡献。

另外，还要特别感谢义乌工商职业技术学院党委委员、副院长何少庆，义乌工商职业技术学院国际教育学院院长陈宇鹏、副院长郑云香，义乌工商职业技术学院的陈杰和杨信。他们为课题的立项和整个研究给予了专业方面的精心指导。同时也要感谢曾在义乌工商职业技术学院国际教育学院学习或仍在就读的国际友人。他们是来自伊拉克的兰兰、尼泊尔的兰姆、孟加拉国的纳依姆、俄罗斯的特苏罗夫、印度尼西亚的黄查理、土耳其的塔拉克、伊朗的巴特、叙利亚的曼吉达和哈德、埃及的穆小龙、泰国的陈丹丹、吉尔吉斯斯坦的别尔梅、土库曼斯坦的夏克力、乌兹别克斯坦的巴哈德。感谢他们对我们搜集撰写的资料进行认真核对，确保内容的准确性与合理性。

虽然我们已经尽最大努力去搜集整理"一带一路"沿线国家尽可能翔实的商务文化知识，但是仍遇到了一些困难，比如部分国家的商务交际礼仪、爱好与禁忌等内容在现有权威资料库中十分单薄。今后我们将在此书的基础上，加大对相关国家的研究力度。

最后，由衷地希望此书能为与"一带一路"沿线国家有经贸往来的相关人员提供一定的借鉴，能为在高校或培训机构工作的教师提供跨文化交际的知识参考，能为从事导游工作或计划出国旅游的相关人员提供目的国的相关资料。

王惠莲

2018 年 8 月 8 日